朴斗鎭詩全集
2

일러두기

· 이 책은 시인 박두진 탄생 100주년을 맞아 홍성사가 출간하는 〈박두진 시 전집〉 가운데 둘째 권입니다.
《거미와 성좌》(1962) 및 그 이전 시집들의 연대에 해당하는 미수록된 시들이 실린 《박두진 전집2-詩Ⅱ》(범조사, 1982)의 내용을 그대로 보존하면서, 새로운 판형과 표지·내지 디자인에 담았습니다. (단, 원문에 표기된 한자어 가운데 일부는 한글로 표기했고, 일부는 괄호 안에 독음을 표기했습니다.)
· 본문 뒤의 "해설"은 1982년 출간된 전집에 실린 것입니다.
· 본문에서 《 》는 저서 제목, 〈 〉는 작품(주로 시) 제목을 나타내며, 「 」는 인용구를 나타내거나 강조를 위해 사용한 것입니다.

朴斗鎭詩全集 2

박두진 시 전집 2

《거미와 성좌》
각 시집 연대 미수록 시

홍성사

발간사

예술 작품을 통해 우리는 작가가 구현하고자 한 세계는 물론 그의 일생을 돌아봅니다. 깊은 감동과 울림 가운데 영원히 기억되며 불멸의 예술혼으로 간직되는 작품세계는 많은 이들에게 영향을 끼치며, 그 자체로 살아 있는 역사가 됩니다.

나의 아버지 박두진은 예술이 무엇이고 삶이 무엇인지에 대한 근원적인 생각을 작품을 통해 이야기하며 큰 생각과 마음으로, 자상함과 여유로운 가슴으로, 맑고 순수한 그의 예술세계를 이루어 나가셨습니다.

하늘에서 쉬고 계시는 아버지에 대한 그리움을 어찌 말로 다 표현할 수 있겠습니까만, 감사하게도 우리는 작품을 통해 아버지의 시세계를 다시 만날 수 있고, 가슴에 담게 됩니다.

박두진 탄생 100주년을 맞으며 문학에 대한 깊은 애정으로 이 전집을 간행해 주신 홍성사 정애주 대표님과 직원 여러분께 감사드립니다.

2018년 3월
박영하

발간사

自序 (자서)

지난 40여 년 동안의 작품을 전집으로 묶게 되었다. 지금까지의 전 작품을 일단 정리、결산할 기회를 갖는 셈이다.

그 동안 좀더 좋은 문학을 할 수 있었더라면 하는 자책과 아쉬움이 앞서지만、이제 와서 후회를 한대도 어쩔 수 없는 일이다.

작품이란 언제나 그 작자를 떠난 독립된 대상으로서 끊임없는 역사의 심판과 엄정한 문학적 비평을 감수하지 않을 수 없는 숙명을 지니고 있기 때문이다.

무엇을 얼마만큼 어떻게 해왔는가 하는 것을 스스로 돌이켜 볼 때、문학을 한다는 일의 어렵고 두려움을 새삼스럽게 실감한다.

이 전집은 우선 1982년까지의 작품을 장르별 연대순으로、그리고 한 장르 안에서는 주제별 연대순의 원칙 아래 적당한 신축성을 두고 편찬했다.

이 전집의 각권을 편찬한 이후의 것과 앞으로 계속 써서 발표하거나、단행본으로 따로 출간되는 것도 전집으로서 속간、보충해 나갈 것이다.

우리 문학에 대한 깊은 애정과 출판문화인으로서의 뜨거운 사명감으로、이 방대한 전집을 계획、간행해 주시는 汎潮社 (범조사) 金亨模 (김형모) 사장의 각별한 후의에 깊은 감사의 뜻을

표하며, 실무진 여러분의 노고에도 치하를 드린다.

1982년 4월 20일

창천동에서 박두진

차례

발간사 4

自序(자서) 6

《거미와 성좌》

序(서) 16

I

돌의 노래 20
산맥을 간다 22
볼을 댄다 23
어느 벌판에서 26
산이 좋다 30
바다의 靈歌(영가) 34
氷原行(빙원행) 39
거미와 성좌 42

II

어둠 속에서 50
봄에의 橄(격) 52
팔월 57
항거설 60
이리를 몰고 간다 62

바다가 바라뵈는 언덕의 풀밭
꽃과 항구 64
젊은 죽음들에게 66
우리는 보았다 69
우리들의 기빨을 내린 것이 아니다 72
강 II 75

III
갈보리의 노래 I 78
禱願 (도원) 79
갈보리의 노래 II 81
내게도 다시 삶을 83
갈보리의 노래 III 85
날개 87

IV
바다와 아기 90
비둘기와 종 92
나무숲 땅 속에는 93
아이를 재운다 95
빛을 밟고 100

꽃 102
思想(사상) 104
전율의 수목 106
아내를 위한 자장가 108
바다와 무덤 111
시인공화국 114

V
새해에 드리는 기도 122
올해에도 또 124
망각의 강가에서 126
다시 부르는 一月(1월)의 노래 128
우리들의 기쁨을 새것으로 닫자 131
경고·통곡·결의 136
강 I 140

VI
항아리 144
바다와 장미 145
4월 146
廢(폐) 화분 147
갈대 148
눈썹 149

각 시집 연대 미수록 시

《청록집》 시대

蟻(의) 154
들국화 155
나의 하늘은 푸른 대로 두시라 157
꽃구름 속에 158
연륜 160
폭포 앞에서 163
龍馬石 (용마석) 166
陽峽 (양협) 168
산과 산들을 일으키며 170
배암 172
기도 175
異鄉 (이향) 176
綠陰詩抄 (녹음시초) 1 179
녹음시초·2 180
녹음시초·3 181
녹음시초·4 182

《해》 시대

霜朝 (상조) 184
마을 186
바람 189

《午禱(오도)》 시대

바다와 淑(숙) 192
바다와 황소 193
말에게 195
어느 구릉에서 197
별을 지고 200

《거미와 성좌》 시대

푸르름을 마신다 202
愚禱(우도) 204
어머님에의 헌시 206
深淵頌(심연송) 209
학 211
고향에 부치는 편지 213
오월·모국·하늘·숲 216
아침에 피는 꽃 218
冬日(동일) 219

해설―해와 삶의 원리―신동욱 224
박두진 연보 232

《거미와 성좌》

序(서)

이 시집은 6·25 還都(환도)를 전후한 1952년부터 1961년에 이르는 약 10년 동안의 작품을 추려 모은 것이다.

《해》,《午禱(오도)》이후에 내 개인 시집으로는 이것이 세 번째가 되는 셈이다.

이《거미와 성좌》에는 6·25, 4·19로부터 5·16에 이르는 동안에 우리가 겪은 시대적·민족적·사회적 변혁의 苛烈(가열)한 격동과 진통이 변전하는 심각한 세계상과 더불어 짙은 색깔과 그지없는 울림과 억센 골격으로 투영되고 주제화되어 있다. 이러한 격동과 맞서려는 의지의 자세와 몸부림은 그간의 내 피나는 一身上(일신상)의 시련과 곁들여 때로는 스스로의 상처의 출혈을 허로 핥는 양지의 맹수처럼 때로는 거센 눈보라와 비바람을 헤쳐 가는 작은 새와 같은 모습으로 그 정신적 기복의 淋漓(임리)한 자취가 생생하게 印刻(인각)되어 있다.

시로써 그것과 대결하고 시로써 그것을 초극해 온 내 스스로의 歷程(역정)을 나는 지극히 다행하고 대견스러운 것으로 생각하고 있다.

앞으로도 나는 이렇게 살아 갈 것이며 더욱 더 시의 길에 정진할 것을 스스로 다짐하고 있다.

이 시집은 본래 다른 모 출판사에서 출판이

계획 진행되어 조판까지 끝냈다가 5·16 직후 同社 (동사) 의 사업 실패로 중단되었던 것을 이번에 대한기독교서회의 호의로 다시 간행을 보게 된 것이다.

대한기독교서회의 金春培 (김춘배) 목사님을 비롯한 여러분의 각별하신 후의와 이 시집을 내도록 적극 협조해 주신 서회 편집위원 여러분의 따뜻한 동의에 깊은 감사를 드린다.

1962년 10월 신촌에서

저자 志之 (지지)

I

돌의 노래

돌이어라. 나는,
여기 절정.
바다가 바라뵈는 꼭대기에
앉아,
종일을 잠잠 하는
돌이어라.

밀어 올려다 밀어 올려다
나만 혼자 이 꼭지에 앉아 있게 하고,
언제였을가
바다는,
저리 멀리, 저리 멀리,
달아나 버려,

손 흔들어, 손 흔들어,
불러도 다시 안 올 푸른 물이기,
다만 나는, 귀 쫑겨 파도소리
아쉬워할 뿐.
눈으로만 먼 파돌
어루만진다.

오, 돌.
어느 때나 푸른 새로

날아오르랴.
먼 위로 아득히 짙은 푸르름
온 몸에 속속들이
하늘이 와 스미면,
어느 때나 다시 뿜는 입김을 받아
푸른 새로 파닥어려
날아오르랴.

밤이면 달과 별
낮이면 햇볕.
바람 비 부딪치고 흰 눈
펄펄 내려,
철 따라 이는 것에 피가 감기고
스며드는 빛갈들,
아롱지는 빛갈들에
혼이 곱는다.

어느 땐들 맑은 날만
있었으랴만、오、
여기 절정.
바다가 바라뵈는 꼭대기에 앉아
하늘 먹고、햇볕 먹고、
먼、그、언제、
푸른 새로 날고지고
기다려 산다.

《거미와 성좌》

산맥을 간다

얼룽진 산맥들은 짐승들의 등빠디
피를 뿜듯 치달리어 산등성을 가자.

흐트러진 머리칼은 바람으로 다스리자.
푸른 빛 잇빨로는 아침 해를 물자.

포효는 절규. 포효로는 불을 뿜어,
죽어 잠든 골짝마다 불을 지르자.

가슴을 살이 와서 꽂힐지라도
독을 바른 살이 와서 꽂힐지라도,

가슴에는 자라나는 애기해가 하나
나긋나긋 새로 크는 애기해가 한 덩이.

미친 듯 밀려오는 먼 바다의
울부짖는 파도들에 귀를 씻으며,

떨어지는 해를 위해 한 번은 울자.
다시 솟을 해를 위해 한 번은 울자.

볼을 댄다

나는 아가야를 안는다.
아가야의 볼기짝, 몽실몽실한
아가야의 볼기짝이 손바닥에 묻는다.
아가야의 눈동자는 휘둥그런 호수빛,
어린어린한 푸른 가의 속눈썹은 수풀처럼 깊다.
아가야는 올해 두 살
아가야의 볼따귀에 나의 뺨을 댄다.
보들보들한、 아、 아가야의 볼따귀는 아가야의
마음결、
아가야가 먼저 쥐고 나의 손을 흔든다.
아가야의 손길은 쌀붕어와 같다.
「음!」 「음!」 아、 아가야가 눈을 들고
하늘을 본다.
아가야가 손을 들어 먼 데를 가리킨다.
아가야가 손을 들어 햇덩이를 가리킨다.
아가야가 손짓으로 구름송일 가리킨다.
무엇인가 날아간 곳、

《거미와 성좌》

아가야가 손을 들어 하얀 새를 가리킨다.
어쩌면 아가야는 나비새낄 가리킨다.
어쩌면 아가야는 나무 끝을 가리킨다.
어쩌면 아가야는 살랑이는 바람결,
푸른 가루 흩날리는, 푸른 가루 휘날리는
바람결을 가리킨다.

아가야의 눈에는, 하늘,
얼마나 저 푸른빛이 새뜻하게 보일까?
얼마나 저 오랜 해가 나긋나긋 보일까?
얼마나 저 나비새끼가 황홀하게 보일까?
모두가 모두들이 아가야의 동무로,
나뭇잎도 구름쪽도 아가야의 식구로,
아, 하늘의 저 푸르름에 파도결도 치겠지.
햇덩이가 물결 위에 돛배로도 뜨겠지.
구름 떼가 웅기중기 양의 떼로 다가오고
나비 떼가 노랠 하고, 바람 속엔 은방울
무에라고 무에라고,
하늘에선 펑펑펑펑 꽃가루가 오겠지.
살벌한 제트기도 보드라운 꽃나비로,
은방울이 바람 속에 흔들리며 오겠지,
달디 단 얘기들을 바람 속에 울리며,
아가야와 볼을 대며,
나는 이렇게 아가야의 아빠ㅡ
눈, 귀, 피, 마음,
이제는 할 수 없이 무뎌 가는데,
하늘은 하늘, 해는 해, 바람결도 풀이팔도

낡은 대로 비칠 뿐,
애띈 것은 철이 가듯 가버리는데,
눈 맑고, 볼 곱고, 몽실몽실 손에 묻어 볼기짝
보드러운,
「음!」 「음!」 쌀붕어의 손을 들어 하늘을
가리키는,
태양을 손짓하고 나비새끼를 가리키는,
너무도 새로운 눈, 너무도 새로운 살,
너무도 새로운 피, 너무도 새로운 혼,
아, 푸른 동자 그대로, 달디 단 꿈 그대로,
비에도 바람에도 낡아지지 말고,
낡아 가는 아빠같인 무더지지 말고,
아, 아가야 · 아가야는,
길이 길이 아가야로 아가야로 살아라.

《거미와 성좌》

어느 벌판에서

어디서부터 그것은 잊은 것인가 여기는 벌이다.
어디서부터 그것은 와 진 것인가 나는 벌판을 간다.
— 밤이다.
수풀도 꽃도 없고 마을도 집도 없고 흐르는 강물도
개천도
날새도 버러지들도 짐승의 뼈도 없는、그냥 들、
그냥 벌、
검정빛 어둠들만이 겹겹으로 둘러 선
여기는 막막한 밤이요 또 벌이다.

나를 아는 많은 얼굴들은 앞서서 갔는지도 모른다.
나를 아는 많은 얼굴들은 뒤에서 올른지도 모른다.
그러나 나는 지금 가슴에
타오르는 횃불 뭉치 같은 것 하나만을 지닌 채
앞으로 앞으로만 향하여
내달아가고 있다.

그런데 이것은 그대로의 벌판
어둠만이 덮여 있는 그러한 벌판이 아니다.
비가 온다. 벌에는 비바람이 친다.
눈이 온다. 벌에는 진눈깨비 친다.
그런데 이것은 또 그냥 오는 비바람 후려서 쳐내리며
있는 진눈깨비

만은 아니다.
은빛 빗줄기, 저, 척척척 녹아져 내리는 별빛
빗발들을 보라.
온 꽃이 꽃물이 되어 녹아져 내리는
저 꽃빛 찬란한 꽃빗발들을 보라.
그 또 사이사이, 핏빛 후두겨내리는,
어디서인지 몰려와 내리는, 핏빛 아우성대는
빗줄기들을 보라.
아, 이 고운, 이 진한, 척척척 어우러져 익여져
흐르는,
무지갯빛 찬란한 빗발 떼들을 보라.

나는 멎는다. 나는 또 달린다.
나는 멎는다. 나는 또 달린다.
불러도 대답해 줄 아무도 없다.
나는 부른다. 대답이 없다.
나는 또 부른다. 대답이 없다.
나의 머리로 이마로 뺨으로 나의 어깨로 등으로
다리로,
무지갯빛 찬란한 진눈깨비가 친다.
七色(칠색) 익여져 내리는 꽃눈깨비가 친다.

《거미와 성좌》

발에서 손등에서 이마에서 이슬지는,
가슴에서 정갱이에서 발등에서 이슬져 내리는, 고웁게
흘러져내리는 고운 빛 피!
거기서 풍겨져 오는, 콧구멍으로 쏟아져 오는,
누구가 안겨 주는 것 같은 꽃단지 같은 향기!……

그런데
〈보라! 이 사람. 보라! 이 사람.〉
어디서인지 내게로 하는 소리가 하나 온다.
어디서인지 귀에다 대고 하는 소리가 하나 온다.
나는 여기서 핑그르르…… 한 바퀴 팽이짝처럼 돈다
두 팔을 휘적이는 채 팔랑개비처럼 돈다.
그런데 이것은 아무것도 아니다.
그런데 이것은 아무것의 소리도 아니다.
그런데 이것은 작고만 또 난다.
옆으로부터 난다.
위으로부터 난다.
멀리로부터 난다.
그런데 이것은 바루 내 귀, 내 머릿 등, 내 바루 코
앞, 그런 데로부터 난다.
그런데 그것은 어쩌면 무척 반가운 소리일지도 모른다.
그런데 그것은 어쩌면 무척 놀라운 소리일지도 모른다.
나는 그대로 또 앞으로만 향하여 뛴다.
앞으로 앞으로만 향하여 달려가기로 한다.
벌판이 끝나지는 데까지 달려가 보기로만 한다.
어쩌면 그것은 이러한 뜻

어쩌면 그것은 이러한 말을 해오는 것일지도 모른다.

그것은—、

열 개나 스무 개나 설흔 개나 되는 벌판、
열 개나 스무 개나 설흔 개나 되는 밤이、
한꺼번에 놀랍게 겹쳐져 버려 가고
일시에 휘몰아쳐 七色(칠색) 바람으로 가고
일시에 휘몰아쳐 아우성같이 가고
쩡—、일순간에 휘동그랗게 튀어 올지도 모르는
이제까지의 하늘과는 사뭇 영 다른
그러한 모양의 하늘이 올 것이라는 말을
그러한 뜻의 말을 일러줘 놓기 위하여
〈보라! 이 사람. 보라! 이 사람.〉
자꾸만 이렇게 불르며 있는 소리……
나는 이대로 그러한 소리에 뒤꼭지를 따라、먼
그러한 소리를 따라 붙잡고
설 때까지、
그러한 가슴을 안고 흐느껴 울 때까지、
어디서 온 것인가의 이 검은 빛 벌판
어디서 끝나는 것인가의 이 칠색 빛 비바람에
나는 그래도、
휘저어 가며、쓰러져 가며、
자꾸만 날개를 치듯 내달아 가야만 하는 것이다.

《거미와 성좌》

산이 좋다

희끗희끗 양지에 남은 눈이 녹는
봄이 되면 서둘러서
산으로 가야겠다.

산이 좋아.
무엇보다 세상에선
산이 제일 좋아.

산으로 가는 날은 내가 산을 사는 날.
산이 나를 사는 날·
내가 나를 사는 날.

산이 좋아·
아내와 같이일 땐
火木(화목)을 지펴
깊은 골 양지쪽에 원시를 생활하고,
짐승이 밟는 길목
가다가 반짝 드는
진한 꽃 빨간 산꽃·

포롱포롱 멋대로 잔가지를 날으는
어린、또、

예쁜 말년처럼 몸짓 가벼운
죄그만 지줄대는 산새들도 좋다.

적은 바람에도 흔들리는
야들대는 신록 잎은 그대로 다 나의 마음,
나도 그 잎새처럼 그렇게 흔들리고,

우뚝 솟은 푸른 바윈 그대로 다 나의 의지,
나도 또 바위처럼
그렇게 억세진다.

내가 아무리 혼자라도 산은 나와
함께 있고,
내가 아무리 서러워도
산은 나를 깊이 알아,

산은 늘 그리운、 산은 늘 너그러운、
산은 늘 따스한、
여인의 품、 어머니의 품、
아버지의 품.

《거미와 성좌》

산은 좋아.
혼자서 쉬엄 쉬엄
골짜기를 오르다가,

오다 가다 만난 山僧(산승),
산승이 합장하면
나도 따라 합장하고,

쫓겨 가는 작은 짐승
나를 피한 그놈들을
섭섭해 한다.

아, 머리카락, 산바람에 날리는,
그리고 내 이마,
산봉우릴 올라서면 이마에 해를 받자.

산봉우릴 올라서면
강물은 허리띠,
바다는 겨우 먼
반짝이는 접싯물.

가슴을 열면
아, 우주는 다 나의 내부
시공은 다 나의 一瞬(일순) 호흡.

산이 좋아.
푸릇푸릇 양지쪽에 새잎이 돋아나는

봄이 되면 서둘러서
산으로 가야겠다.

《거미와 성좌》

바다의 靈歌 (영가)

바다는 푸른 혼, 바다는 열한 가슴,
바다는 안아 당겨 죽이고만 싶다.

바다는 이미 나보다도 먼저 있었던 것일까? 내
영혼이 태어나기보다도 먼저부터, 바다는 저렇게
푸르르며 있고, 넘실대며 있고, 하나 가득 충만하며
있었던 것일까? 내 마음이 설레이고, 내 마음이
때로는 가라앉고, 때로는 노도처럼 거세이고
때로는 꽝꽝 굴러 몸부림치듯, 바다는 나보다도
먼저인 먼 아득한 그 시원의 날로부터, 설레이고
가라앉고, 잠잠하고, 노하고, 뒤우치고, 한숨짓
고, 절규하고, 손을 들고, 그리고는 뒤척이고,
미쳐서 뛰고, 통곡하며 있었던 것일까?

내 마음이 어느 날 그 칠흑처럼 깜깜하던 어둠,
그 태초의 태초와 같은 어두운 혼돈에서 별안간에
활활한 태양을 토해 내듯, 바다도 저렇게 아침─
싱싱한 아침의 태양을 어둠으로부터 토해 낼 땐,
바다는 바로 내 그 때의 마음, ─혼돈한 온갖 것을
용로처럼 끓이고, 활활히 불살우고, 뿜어올리고,
솟구치고 하다가 , 그것을 바다는 가슴에다
안고 , 볼에다 부비고 , 입으로 입 맞추고
빨아서 달디달게 꿀처럼 삼키다가

그 가슴 속 깊이에서, 가슴 속에서, 태양은
태양을 낳고, 빛은 빛을 낳고, 열은 열을 낳고,

사랑은 사랑을 낳고, 불길은 불길을 낳고, 혁명은 혁명을, 피는 피를 낳고 하는 것인데, 내가 갑자기 그러다가 어느 날, 가슴에 솟던 해가 느닷없이 떨어져, 빛은 빛으로 더불어 죽고, 어둠은 어둠으로 더불어 죽고, 사랑은 사랑으로, 미움은 미움, 절망은 절망으로, 죽음은 죽음으로 더불어 죽을 때, 바다가 절망하면 가슴이 절망하고, 바다가 뉘우치면 가슴이 뉘우치고, 바다가 반역하면 가슴이 반역하고, 바다가 노호 절규하면 가슴이 노호 절규하고, 바다가 일제히 손을 들면 가슴도 일제히 손을 들고, 바다가 달아나면 가슴도 막 달아나고, 바다가 달겨들면 가슴도 막 달겨들고, 바다가 번쩍 칼을 물면 가슴도 칼을 물어, 아,

바다가 죽으면 가슴도 죽는다.

바다는 일찍이, 바다는 내 먼 영혼의 가슴, 푸르디푸른 내 영혼의 가슴, 바다는 내 안, 내 혼, 아가처럼 가슴에 안겨서 혼에 싸여서 자랐다.

그리하여 일찍이, 어쩌다가 일찍이, 바다가 배반하여 가슴으로부터 달아나고, 가슴만이 바다로부터 빈 껍질처럼 홀로였을 때, 바다는

《거미와 성좌》

바다대로 몸부림쳐 찢겼고, 뒤집히어 혼돈했고, 아우성쳐 통곡했고, 스스로의 상처에 뒤척이었고, 선혈이 흘러 굽이쳤고, 앓으며, 아프며, 잃어버린 그 가슴일래 깜깜한 전율에 떨었다.

가슴에 안겨 바다가 자랄 때, 그 가슴에는 심장, 가슴에는 피, 가슴에는 사랑, 가슴에는 불이, 백열하는 혼과 혼이 끊었었던 것이다. 가슴은 곧 보람, 가슴은 곧 꿈, 가슴은 곧 핏줄, 가슴은 곧 생명, 가슴은 곧 모두였던 것이다. 가슴이 없는 바단 죽음이었던 것이다. 바다가 없는 가슴은 죽음이었던 것이다.

아, 가슴은 바로 나, 바다는 바로 너였던 것이다.

푸르고 풍만한 너 바다가 없을 때, 너 열하고 예쁜 모습 바다가 떠났을 때, 바다가 암사슴처럼 바다가 죽었을 때, 가슴은 어둠이었고, 가슴은 절망이었고, 가슴은 막 미쳤었고, 가슴은 끝내 스스로는 못 돌이킬 죽음이었던 것이다.

그리하여 그 죽음은, 죽음으로 더불어 영원히 죽고, 이제는 그 생명이 또 하나 솟아오르는 새로운 생명을 위하여, 바다에서 솟는 가슴에서 솟는 해, 바다에서 솟는 혼은 가슴에서 솟는 혼, 바다에서 솟는 사랑은 가슴에서 솟는 사랑, 바다에서 끊는 불은 가슴에서 끊는 불로,

이제야말로 바다는 가슴 속으로 되돌아와, 새로운 그 출렁임을 시작한 것이다. 새로운 그 용솟음을 시작한 것이다. 새로운 그 가득 참을 시작한 것이다.

아— 아— 아— 아—,

소리치고, 열광하고, 뿜어 오르고, 뿜기어 올라,

이제야말로 다시 와 만난 그 가슴과 바다는, 창조, 혁명, 피, 혼돈, 죽음, 절망, 몸부림, 절규, 怒號(노호), 통곡, 그러한 것들의 모두를, 말갛게 씻어서 삼켜 삭혀 버리고, 빛과 어둠, 죽음과 생명, 사랑과 미움, 절규와 침묵, 저주와 기도, 반항과 체념, 살과 살, 피와 피, 피와 피! 불꽃과 꽃과 혀의,

아, 혼과 생명과 사랑의 그 응어리의, 꽃과 불로 된 그 하나로 된 응어리의 영원한 새 영원, 태초의 말씀의 그 새 말씀으로부터

— 할렐루야!

아, 너와 나는 이제야 다시, 하나로 되살아 일어난 것이다.

푸르게 열해 오른 란란한 불길, 타오르는 태양의

《거미와 성좌》

응어리로 터진 것이다.
타오르는 사랑의 응어리로 터진 것이다.
그 먼 불붙음, 그
태초로부터의 불붙음으로,
이제야말로 새로이 출렁이는 그 새파란 바다,
이제야말로 새로이 불타는 그 열한 가슴이, 하나로
되어 영원한 용솟음으로 솟은 것이다.

氷原行 (빙원행)

꽃밭도 살던 집도
네거리도 버리고、
日曆(일력)도 새초롱도、
참회록도 버리고、
가도 가도
또 벌、
하늘의 푸름만이
어름 위에 거울 진、
너와 나는 이제는
氷原(빙원)으로 가자.
눈같이 터럭 흰 말
銀鞍裝(은안장) 위에、

《거미와 성좌》

샛하얀 새 옷 입고
말머리를 가즈려,

방울소리 말굽소리……
말굽소리 방울소리……

끝없는 빙원 길을
둘이서 가자.

새삼스런 대화로는
오히려 치례로워,

타오르는 가슴은
침묵으로 달래자.

아, 진즉은 못 이뤄 온
너와 나의 불붙음을,

이대로 극지에로 빙원으로
안고 가,

그 어느
빙벽,

산드랗게 얼어 오른
푸른 빙벽에

너와 나는 나란하게
미이라가 되자.

복사꽃 고운 볼을
너는 그대로,
적동색 붉은 빰을
나도 그대로、
억 천년 병원 위에
둘이서 살자.
핏빛 꽃 타는 넋을
천만년 살자.

《거미와 성좌》

거미와 성좌

습습하고 어두운
지옥으로부터의 너희들의 탈출은
또 한 번 징그러운 흑갈색 음모
지옥에서 지상에의 유배였고나.

추녀 밑 낡은 후미진 틈새에서
털 솟은 숭숭한 얼룽이진 몸둥아리
종일을 움츠리고 默呪(묵주) 뇌이를 한다.

거미, 거무,
거미, 거뮈!……
蜘蛛(지주)、지주!… 지주、거미!
거미、지주!… 지주、
거뮈!……

― 일몰…

어디쯤 바다에서 밀물소리 잦아 오고
산에서、들에서는、
밤새가 왜가리가 뜸북새가 울고 오고
이리는 너구리를
너구리는 다람쥐를、구렁이는 개구리를、개구리는
쉬파리를、
먹으며 먹히우며 처절한 靜寂(정적)…….

거미는—、

새까만 내장、
새까만 내장을 겹겹이 열어 피묻은 일몰을 빨아 먹고、
새까만 내장을 겹겹이 열어 피묻은 후광을 빨아 먹고、
새까만 내장을 겹겹이 열어 피묻은 노을을 빨아 먹고는、
그리고는 황혼、
唐香墨 (당향묵) 처럼
선명한
까만 황혼을 뿜어낸다.

서서히
거미는
이제야 실현해 볼 회심의 음모
오늘의 짙은 황혼을 위한
피 묻은 계략을 펴는 것이다.

발톱을 들어 몸내를 풍겨 숫거미들을 蠱惑 (고혹) 한다.
여덟 개의 발끝으로 하는 여덟 차례의 간음
맞달겨드는 숫거미들은
전율해 오는 결사의 情夫 (정부)

《거미와 성좌》

여덟 번의 간음과 더불어 오는 여덟 마리의 정부를
황홀해 하며 아찔해 하며
咬殺(교살) 해 먹어버리는 쾌적!

이윽고 거미는 이번에는
소리를 내어 낭랑하게 주문을 다시 외이다가
늴— 늴 늬나이 나이나、
신이 올라서 궁둥일 저어
獨舞(독무)를 추며 휘돌아 가면
슬、슬、슬、저녁 산바람이
목줄을 와서 간지른다.

거미는 다시 이때
또 하나의 푸른 공간
추녀 끝 캄캄한 데서 뻣나무 높은 가지 끝까지
粘着性(접착성)
가장 질긴 밑줄을 뽑아
새로운 捕網(포망)의
얽애를 친다.

산뜻하고 열렬한
이때야말로 거미는 일사불란의 用意(용의)
아슬아슬한 공중작업에
혼신의 정력을 소모한다·

끈끈하고 섬세하고 純美(순미)로운 선—
이것은 곧 탈출

이것은 곧 유배
이것은 고독
이것은 절망
이것은 허무
이것은 체념
이것은 또 일몰
이것은 후광
이것은 노을
이것은 바닷소리
이것은 갈댓소리
이것은 황혼
이것은 嗚咽 (오열)
이것은 默呪 (묵주)
이것은 음모
이것은 간음
이것은 황홀
이것은 숫거미
이것은 肉汁 (육즙)
이것은 교살
이것은 쾌적의
그러한 것이 짓이겨져서 거미줄 줄이 된 것이다.

《거미와 성좌》

그러한 것의 精粹(정수)가 엉겨 끈끈한 줄이 된 것이다.

눈이 부신、차라리、

얽어 나가는 蜘蛛(지주)의 捕網(포망)은 승화된 순색의 희뽀오얀 혈맥!

그 그물 같은、

하늘로의 포망에는

하나씩의 칸살마다

하나씩의 하늘

하나씩의 하늘마다 하나씩의 황혼

하나씩의 황혼마다 하나씩의 성좌가

꽃밭처럼 허트러진、꽃밭 같은 성좌가

먼、먼、무한궤도를 전설을 밟고 돌아가고

잴그렁거리는 별소리 속에

銀(은) 소리에 매어달린다·

또 한 번의 포만을 위해

거미의 자세가 긴장한다·

풍뎅이가 하나 날아와 걸린다 쭈루루 달려 나가서

휘감아 버린다·

왕파리가 하나 날아와 걸린다 쭈루루 달려 나가서

휘감아 버린다·

말모기가 개똥벌레가 딱장벌레가 와 걸린다

고추쨍아가 왕퉁이가 와 걸린다·

걸리는 족족 휘감아 싸서 몽뚱그려서 죽이면

까만 잇발로 모조리 짓씹어 입맛을 다시며

먹어버리는 것이다·

그리하여 밤―、
어디선가 풀섶에서 귀뚜라미가 울고
풀벌레들의 울음에 섞여 어머니 없는 아이가 울고
밤이 울고 어둠이 울고 바람이 울고 풀숲이 울어
울어 예는 萬籟(만뢰) 속에 밤이 깊으면
밤이 오면 언제나 우는 사람들
울음 속에 여위어 가는 눈이 맑은 사람들의
울음 울며 뒤척이며 여위는 소리……

아、거미도 이런 밤엔 오열을 한다.
디룽 디룽 매어달려
먼 그런 울음소리에 귀를 기우려
흔들리는 실줄을 잡고 눈물짓는다.
지르지르 지르르르…… 지질 지질 지르르……
바로 발밑
시궁창 울밑에서 이제야 겨우 우는
지질히도 못생긴
지렁이의 측은함에 연민을 준다.

그는 ― 눈을 든다.
다시 한 번 바라보는 먼 恒河沙(항하사)

《거미와 성좌》

성좌와 성좌들의 어찔어찔한
대우주ㅡ、
오오래인 理法(이법)들을 궁글려 보며
묵묵하니 눈을 감고 철학하다가,
蝴蝶(호접)！ 오、호접！
문득 그는、
밤이 다한 아침、어쩌면 다시 오는 해밝이 녘에
극채색 눈이 부신 네 겹 날개의
南國種(남국종) 크다란 범나비가 한 마리
추방되어 내려오는 천사의 그것
찬란하게 펄럭이는 자유의 나라의 旗幅(기폭)
처럼
훨훨훨 날아들어 펄럭일지도 모른다는
부풀어 오르는 보람에 싸여
황홀해하는 것이었다.

II

어둠 속에서

아우성도 못 지르며 흐르는 강이어.
흐느끼도 못하며 흐르는 강이어.
흥건하게 떠내려가는
하얀 깃, 하얀 깃, 쭉지, 쭉지 떼들,
비둘기 떼들의 죽음이어,
나비 떼들의 죽음이어.
꽃이팔들의 죽음이어.
밤으로 흐르는 강이어.
강으로 흐르는 강이어.
어디쯤 흘러가면 찬란한 날은 비치는가.
기빨 떼며, 기빨 떼며, 기빨 떼며, 기빨 떼며,
어느 굽일 돌아갈 때면
기빨 떼들은 휘날리는가.
어느 기빨이 휘날리면
쇠북 소리는 울리는가.
달 하나 떠 있더니
그 놈마저 빠지고,
별빛 몇 개 빛나더니
그 놈마저 숨어 버리고,
등불도 없이 가는
외마디 부르는 소리 하나, 대답하는 소리 하나
없이 가는
강이어·어두운 강이어.

산골짝 어디메쯤 처음 흐르는 윗물부터
즐펀하게 흘러가는 아래 아래 아랫물까지
바람만 불면 바람만 크게 불면
한 번은 노도처럼 일어나야 할 강이어.
한 번은 아우성처럼 일어나야 할 강이어.
기빨 떼들이 휘날리면
쇠북소리가 울려나면
다시 살아나야 할 비둘기떼들이어.
다시 피어나야 할 꽃무데기들이어.

《거미와 성좌》

봄에의 檄 (격)

일어나라.

나무여. 잠자는 산이여. 돌이여. 풀이여. 땅버러지여.
물이여. 웅뎅이여. 시내여. 바다여.
이러한 것들의,
죽음이여. 넋이여. 얼이여. 영이여.
이러한 것들끼리의 사무침,
이러한 것들끼리의
눈물이여. 한숨이여. 피보래여. 반항이여.
불덩어리여.

일어나라.

산에서는 오래 두고 산이래서 사는 것,
입이 붉은 너희,
침범이여. 개호주여. 살가지여. 곰이여. 여우여.
승냥이여. 오소리여. 멧돼지여.
바보 같은 사슴이여. 노루여. 너구리여. 토끼여.
방정맞은 다람쥐여
너희들은 또 너희들끼리의,
눈물이여. 피흘림이여. 잡아먹음, 잡아먹힘이여.
쫓겨감이여.

달아 남이여 · 한숨이여 · 불덩어리여 ·
그중에도 친친한, 어둠 속에 들엎드린,
능구렝이여 · 까치독사여 · 독잇빨이여 ·

일어나라.

이제야 너희들은 너희들끼리의,
오래고 억울한 사무침을 위하여, 헛바닥을 위하여,
어금니를 위하여,
발톱들을 위하여, 핏대들을 위하여, 약탈을, 살륙을,
겁탈과 결투,
승리를, 둔주를, 패배들을 위하여,
정복을, 추격을, 피흘림을 위하여,

일어나라.

숲에서는 오래오래 숲이래서 사는 것,
날개쭉질 가진,
멧새여 · 할미새여 · 무당새여 · 꾀꼬리여 ·
비둘기여 · 산제비여 · 갈새여 · 지미새여 ·
쟁끼여 · 까투리여 · 부헝이여 · 올빼미여 · 독수리여 · 매여.

《거미와 성좌》

너희들의 입부리, 너희들의 발톱,
너희들의 깃쭉지의,
너희들은 또 너희들끼리의,
사랑이며, 노래며, 보금자리며, 속삭임이며,
따스함이며, 보드라움이며,
싸움이며, 할큄이며, 피흘림이며,
죽임이며, 쫓김임,
눈물이며, 안도며, 승리며, 또 평화들을
위하여,

일어나라.

아, 물에서는 또 물이래서 오래 사는,
그 중에서도 못생기다 못생긴
미꾸라지여. 구구락지여. 자가사리여.
개멱자구여. 실뱀방어여.
모래무지, 징검새우, 물무당이여, 똥방개여,
참방개여. 송사리떼여.
너희들의 집단, 너희들의 보람, 너희들의 투쟁,
너희들의 사상, 너희들의 유전, 너희들의 발광,
너희들의 죽음들을 위하여,
너희들의 눈물, 너희들의 피, 너희들의 분노와
반항들을 위하여,

일어나라·

땅버러지여···

흙일래 흙속에서 흙냄 맡고 사는,
지질히도 못생긴, 아, 그 중에서도,
개밥뚜기여. 오줌쌔기여. 소금쟁이여. 굼벵이,
지렁이, 쇠똥벌레여.
딱장벌레, 찝게벌레, 방구벌레여.
노린챙이, 투구벌레, 지늬새끼여.
이제야 너희들은,
너희들의 보람, 너희들의 쾌적, 너희들의 사랑,
너희들의 투지, 너희들의 혁명, 너희들의 승리
들을 위하여,

일어나라.

그리하여,
산에서는 산읫 것, 물에서는 물읫 것, 바다에선
바다읫 것,
흙에서는 흙읫 것이,
이제야 일제히들,
휘날리며 휘날리며 깃빨들을 들라.
뿔들을 뻗히라, 잇발을 발톱을, 부리들을 갈라.
목청들을 돋우라. 비약하라. 선전하라. 행진하라.

《거미와 성좌》

돌격하라.

합창하라. 노호, 절규,
승리하라. 정복하라. 개선하라. 환호하라.
패배하라. 둔주하라.
진실로, 독에는 독, 칼에는 피로,
눈물에는 눈물, 사랑에는 사랑, 포옹에는
포옹으로, 아, 그중에서도,
불이 붙는 사랑에는 불이 붙는 사랑으로,
있고 나고, 나고 죽고, 사랑하기 위하여,
있는 것 일체의,
생명이란 생명의,
산이며 숲, 물이며 바다, 하늘이며 흙 속의,
바람결 속의, 정이며 넋,
얼이며 영들까지,
아, 일체의 있는 것은,
너희들, 스스로를 위하여,
이때에야 진실로,

일어나라.

팔월

팔월.
팔월은 기빨.
팔월은 旗手(기수)다!

쨍、쨍、
차라리
내려쬐는 태양은 기수에의 축복.
沸騰(비등).
작열.

曝注(폭주) 하라 볕이여.
폭주하라 볕이여.
기수는 이제 이미 주저하지 않는다.
기수는 이제 이미 쓰러지지 않는다.

《거미와 성좌》

바다.—
흐느끼는
바다는
찢겨진 旗幅(기폭).
뒤척이는 바다는 짓밟힌 기폭이다.
누워있는 산이여!
언제까지 그냥만 앉아 있는
산이여!
늙어빠진 산은 이미 무기력한 廢壘(폐루)다.

기수·어서 너는
산등들을 넘으라.
기수·어서 너는
바다들을 넘으라.
婁婁(누누) 만년
산에는 흘러내린
산에는 淋漓(임리)한
골짝마다 울부짖는 피의 소리들·
바다에는 보래치는 피의 潮流(조류)들
구비마다 보래치는 피의 潮流(조류)들·
장미여! 장미여!
장미여! 장미여!
그것들의 넋이여!

궁륭! 새파란,
새파란 저 하늘은 하나 남은 기빨
새파란 저 하늘은 우리들의 이데아다.

하나 남은 기빨은 찢겨지지 않는다.

태양! 그것은
하나 남은 신호다.

태양. 그것은 우리들의 이즘이다.
우리들의 신호는 떨궈지지 않는다.

승리하라. 기수여!
항거하라. 기수여!
전진하라. 기수여!

팔월 · 밤.
뿌려 깔린 성좌들은
찬란한 서사 詩章(시장)─.
우리들의 戰歷(전력)은
성좌 위에 판박힌다.

기록하라 별이여.
우리들의
전진을.

팔월.
기빨.
피를 넘어 전진하는
우리들의
승리를!

《거미와 성좌》

항거설

그날
아침 빛은
고웁기야 하리.
바다야 설레잖고 마르리오마는
진초록 일렁이는 천지는 다 바다
그 파도 굽이마다
불의 꽃이 일면
휩싸이는 꽃불 속에
혁명은 일리.
그 층층 熱(열)한 속을
고운 불사조
불꽃 불 무한 바달
나래 쳐 가자.

그날
한 밤결은
고웁기야 하리.
불길이야 지질히 꺼지리오마는
푸로메듀스,
별이 모두 떨려 죽은,
코카사스 꼭대기에
밤이 모여 울어
수리떼、 수리떼、

無限波狀(무한파상) 내리 꽂힐
주둥뿌릴 위하여,
너와 나는 샛빨간
간을 기르자.
간을 기르자.

《거미와 성좌》

이리를 몰고 간다

내가 너흴 몰으랴? 털이 성난 이리 떼들.
벼랑에、바다가 늴름대는、
너희들을 밀어 넣곤
나 혼자는 날으랴?

햇살은 아무래도 아침결이 좋다.
이리몰인 아무래도 저녁녘이 좋구나.
으르렁이는
설렁 설렁 내몰리며 으르렁이는、

너희들의 핏비린내 썩은 落日(낙일)을
출렁이는 불에 달궈 끼얹어 주면
아、고연 놈、고연 놈들.
양이랬던 이리들이 코피릴 분다.

번개가 아침을、천둥이 바월 칠 때、
나도 같이 이리랴? 너와 같이 벼랑 뛰랴?
금 불길 수리 되어 치는 나래에
고연 놈 이리들이 새울음 운다.

바다가 바라뵈는 언덕의 풀밭

벚꽃이 조금씩 제절로 흩날리는
바다가 바라뵈는 언덕
풀밭에 잠자는 꽃에 물든 바람이어.
아직은 땅 속에 잠자는 폭풍이어.
그, 비둘기는 깃쭉지, 작은 양은 목줄기에서
지금은 죽음,
소년과 아낙네와 젊은이의 피뿌림의
꽃잎보다 더 고운 따스한 피의 소리.
그 위에 무성하는
풀뿌리 밑의 울음소리. 가늘은 넋의 소리.
간간한 사투리 소리.

그 풀언덕 바다가 바라뵈는
조금씩 흩날리는 꽃이 흩는 풀밭 속에
지금은 죽음,
손으로 눈을 가린
봄 · 햇살.
날아 올라보고 싶은 비둘기여 ·
뛰엄뛰고 싶은 양들이어 ·
살고 싶은 소년이어 ·
울어보고 싶은 아낙네여 ·
말해 보고 싶은 젊은이여 ·

《거미와 성좌》

꽃과 항구

나무는 철을 따라
가지마다 난만히 꽃을 피워 흩날리고、
인간은 영혼의 뿌리 깊이
눌리면 타오르는 자유의 불꽃을 간직한다.

꽃은 그 뿌리에 근원하여
한 철 바람에 향기로이 나부끼고、
영혼의 밑바닥 꺼지지 않는 근원에서 죽지 않고 탄다.
자유는 피와 생명에 뿌리하여

꽃잎. 꽃잎. 봄 되어 하늘에 구름처럼 일더니、
그 바다 —、 꽃그늘에 항구는 졸고 있더니.
자유여! 학살되어 바다 속에 버림받은 자유여!
피안개에 그므는 아름다운 항구여!

그 소녀와 소년들과 젊음 속에 맥 뛰는
불의와 강압과 총칼 앞에 맞서는
살아서 누리려는 자유에의 비원이
죽음 —. 생명을 짓누르는 공포보다 강하고나.

피는 꽃보다 값지고,
자유에의 불꽃은 죽음보다 강하고나.

《거미와 성좌》

젊은 죽음들에게

누가 알리.
선혈로 강을 이뤄
한 바퀴 친친히 지구를 띠 두른
그 넋들 서로 안고
오늘을 울어 옘을.

별빛 그 눈동자들 지금은 하늘엘까?
낭랑한 그 목소리들 지금은 공중엘까?
푸른 그 애띤 넋들 지금은 햇살 속엘까?
바람 속엘까? 떨리는 풀잎
꽃이 지는 꽃나부낌 속엘까?

그 착한 얼굴 모습들 지금은 강물 속엘까?
거울로 어리우는 바위 속엘까?
나무 그늘엘까?
잔잔한 호수 속엘까?
그 물 속 거꾸로인 하늘그림자엘까?

알아서는 무엇 하리.
너희들 뜨건 피와
찢긴 살은 흙거름, 거름 위에 뿌리한,
나무와 풀잎들과 꽃망울과 꽃,

죽음들이 잠들은 죽음 위에 서서
피와 살로 기름진 흙을 밟고 서서
우리들 여전히 히히대며 사는 것을
짐승들도 인간들도 어금니를 갈아
피흘리며 죽여가며 흥성흥성 사는 것을.

그 뜨거운 붉은 피가 유유한 강이 되고, 그래서
푸르르고.
너희들 뿌려 흘린
무엇엔가 그러나 너희들은 살았으리.
그렇리.

그 빛나는 눈동자들 찬란한 별이 되고, 그래서
총총하고.
그 찢기운 붉은 살들 툭툭한 흙이 되고, 그래서
기름지고
희디 하얀 백골
뼈가 녹아 샘이 되어, 그래서 샛맑앙고.
너희들의 숫된 맘은 푸른 바람결,
이름 석 잔 바람결,

《거미와 성좌》

혼령들은 햇살이 되어
오늘 저 볕살 속에 살아 있으리.

우리들 스스로도 알아지지 못하는
풀포기, 물굽이, 바람결과 가지 끝에
꽃이팔, 모래톱, 양지와 그늘 속에
혼령 속 마음 속에 피흐름에 있으리.
살음 속에 영원히 잔잔하게 있으리.

우리는 보았다

우리는 보았다.
그날,
절규는 곧 피의 怒濤(노도)、
피는 곧 타오르는 불길임을.

그 불의와 악과 썩은 것을 보다 못해
기만과 강압과 학살에 참다 못해
일어선、
십대의 純烈(순열)、이십대의 열혈들의、
피 흘리며 쓰러지고
쓰러지며 뛰어 넘어、
그 이미、鬼畜化(귀축화)한 악의 아성
그 근원으로 육박하던
피불길의 노도를.

그렇거늘、
오늘 너흰 무엇이냐?

《거미와 성좌》

이리 떼여.
양의 피를 빨기 위해 양의 탈을 뒤집어 쓴,
오늘 너흰 무엇이냐?
이리 떼여.

그 純烈(순열)들의 피를 훔쳐 새론 악을 糊塗
(호도) 하고,
殉民(순민)들의 墓標(묘표)를 팔아 私利(사리)
에 貪婪(탐람) 하는,
이리 떼여.
너희 이미 스스로는 아는 자여,
몰락하라!

우리는 또 보았다.
그날,
그 오래, 오천년, 오백년, 십이년을 썩어 온,
민족악, 정치악, 사회악, 인간악의,
불순한 피,
그 혁명에의 불사름의 번개 같은 돌진을,
죽음에의 전진을.

그리고 또 보았다. 마침내
그 불외침의 승리를.
피불길의 개가를.

不正(부정)은 바름에게, 거짓은 참에게,
악은 선,
불의는 정의에게 거꾸러짐을 거꾸러짐을.

그 純(순) 된 피가 맥박하는 새 세기의 원동을.
새 세대의 격류를.

그렇거늘 무엇이냐?
오늘 너희, 이리여.
변신하는 이리 떼여.
썩은 피의 찌꺼기, 악의 떼의 잔당이여.
어디 음험히 어둔 곳에 엿보다가
양의 탈을 새로 쓰고 머릴 쳐드는,
이리 떼,
썩은 피의 후예여,
자멸하라!
이미 이 도도한 혁명조류,
그 피불길과 怒濤(노도) 앞에 맞설 것이냐?
철칙의 역사 앞에 맞설 것이냐?
嚴威(엄위)로운 天意(천의) 앞에 맞설 것이냐?
자멸하라!
스스로는 아는 자여!
자멸하라!

《거미와 성좌》

우리들의 기빨을 내린 것이 아니다

우리는 아직도
우리들의 기빨을 내린 것이 아니다.
그 붉은 선혈로 나부끼는
우리들의 기빨을 내릴 수가 없다.

우리는 아직도
우리들의 절규를 멈춘 것이 아니다.
그렇다. 그 피불로 외쳐 뿜는
우리들의 피외침을 멈출 수가 없다.

불길이여! 우리들의 대열이여!
그 피에 젖은 주검을 밟고 넘는
불의 怒濤(노도), 불의 태풍, 혁명에의 전진이여!
우리들 아직도
스스로는 못 막는
우리들의 피 대열을 흩을 수가 없다.
혁명에의 전진을 멈출 수가 없다.

민족 · 내가 사는 조국이여 ·
우리들의 젊음들 ·
불이여 ! 피여 !
그 오오래 우리에게 썩어 내린
악으로 불순으로 죄악으로 숨어 내린

그 면면한
우리들의 핏줄 속의 썩은 것을 씻쳐 내는,
그 면면한
우리들의 핏줄 속에 맑은 것을 솟쳐 내는,
아, 피를 피로 씻고,
불을 불로 살워,
젊음이여! 淨(정)한 피여! 새 세대여!

너희들 이미 일어선 게 아니냐?
분노한 게 아니냐?
내달린 게 아니냐?
절규한 게 아니냐?
피흘린 게 아니냐?
죽어 간 게 아니냐?

아, 그 뿌리워진
淋漓(임리)한 붉은 피는 곱디고운 피꽃잎,
피꽃은 강을 이뤄,
강물이 갈앉으면 하늘 푸르름·
혼령들은 강산 위에 햇볕살로 따수어,

《거미와 성좌》

아름다운 강산에 아름다운 나라를,
아름다운 나라에 아름다운 겨레를,
아름다운 겨레에 아름다운 삶을
위해,
우리들이 이루려는 민주공화국·
절대공화국.

철저한 민주정체,
철저한 사상의 자유,
철저한 경제균등,
철저한 인권평등의,

우리들의 목표는 조국의 승리,
우리들의 목표는 지상에서의 승리,
우리들의 목표는
정의、인도、자유、평등、인간애의 승리인,
인민들의 승리인,
우리들의 혁명을 戰取(전취) 할 때까지,

우리는 아직
우리들의 피기빨을 내릴 수가 없다·
우리들의 피외침을 멈출 수가 없다·
우리들의 피불길,
우리들의 전진을 멈출 수가 없다·

혁명이여 !

강 Ⅱ

나는 아직도 잊을 수가 없다
그날 강물은 숲에서 나와 흐르리.

비로소 채색되는 悠悠(유유) 한 침묵
꽃으로 水葬(수장) 하는 내일의 날갯짓,

아, 흥건하게 강물은 꽃에 젖어 흐르리
무지개 피에 젖은 아침 숲 짐승 울음.

일제의 죽은 것은 떠내려가리
얼룩대는 배암비눌 피발톱 독수리의,
이리 떼 비둘기 떼 깃쭉지와 울대뼈의
피로 물든 일체는 바다로 가리.

비로소 햇살 아래 옷을 벗는 너의 전신
강이여. 강이여. 내일에의 피 몸짓.
네가 하는 손짓을 잊을 수가 없어
강 흐름 핏무늬길 바다로 간다.

《거미와 성좌》

III

갈보리의 노래 I

해도 차마 밝은 채론 비칠 수가 없어
낮을 가려 밤처럼 캄캄했을 뿐

방울 방울 가슴의
하늘에서 내려 맺는 푸른 피를 떨구며、
아으、 엘리 엘리 라마 사박다늬
엘리 엘리 라마 사박다늬 ……

그 사랑일래 지지러져 죽어간 이의
바람 자듯 잦아드는 숨결 소리뿐.

언덕이어. 언덕이어. 텅 비인 언덕이어.
아무 일도 네겐 다시 없었더니라

마리아와 살로메와 야고보와 마리아와
멀리서 여인들이 흐느껴 울 뿐.

몇 오리의 풀잎이나 불리웠을지、
휘휘로히 바람결에 불리웠을지、

언덕이어. 죽음이어. 언덕이어. 고요여.
아무 일도 네겐 다시 없었더니라.

禱願 (도원)

오, 너무도 엄청나게 높은 데 계신 이여.
빌다가 흘리시는 당신의 눈물
그것 한 방울만 내 앞에 주세요.
앉아서 쥐어뜯는 검은 이 바위를
그것으로 뚫어내려 샘이 되게 하세요.

오, 빌다가 흘리시는 당신의 핏방울
그것 한 방울만 내게도 주세요.
빈 이 가슴에다 그것을 받아
천년을 나지 않는 불모의 이 들에
뿜는 듯 뿌려가면 그 자리마다
다복 다복 꽃밭들이 솟아나게 하세요.

오, 한 조각 잎새만 한, 손바닥만 한
당신의 그늘을 내게 주세요.
활로도 쏠 수 없는 늙은 저 폭군의
태울 듯 쬐는 볕을 그것으로 가려

《거미와 성좌》

한 번만 눈을 들어 바로 뜨고서
당신의 앉은 자리를 우러르게 하세요.
오, 내가 앉은 이 자리에 풀이 나게 하세요.
빈 이 광주리에 꽃을 채워 주세요.
이 피 이 눈물을 새로 맑혀 주시고
팍팍한 이 한 줌 흙
이것으로 다시 빚어 나를 새로 주세요.
첫 능금 그 나무도 다시 보여 주세요.

갈보리의 노래 II

마지막 내려 덮는 바위 같은 어둠을 어떻게 당신은 버틸 수가 있었는가? 뜨물 같은 치욕을, 불붙는 분노를, 에여내는 비애를, 물새 같은 고독을, 어떻게 당신은 견딜 수가 있었는가? 꽝꽝 쳐 못을 박고, 창끝으로 겨누고, 채찍질해 때리고, 입 맞추어 배반하고, 매어 달아 죽이려는, 어떻게 그 원수들을 사랑할 수 있었는가? 어떻게 당신은 강할 수가 있었는가? 파도같이 밀려오는 승리에의 욕망을 어떻게 당신은 버릴 수가 있었는가? 어떻게 당신은 패할 수가 있었는가? 어떻게 당신은 약할 수가 있었는가?

어떻게 당신은 이길 수가 있었는가? 방울 방울 땅에 젖는 스스로의 血滴(혈적)으로, 어떻게 만민들이 살아 날 줄 알았는가? 어떻게 스스로가 신인 줄을 믿었는가? 크다랗게 벌리워진 당신의 두 팔에 누구가 달려들어 안길 줄을 알았는가?

엘리…… 엘리…… 엘리… 스스로의

《거미와 성좌》

목숨을 스스로가 매어달아, 어떻게 당신은 죽을 수가 있었는가? 신이여! 어떻게 당신은 인간일 수가 있었는가? 인간이여! 어떻게 당신은 신일 수가 있었는가? 아!… 방울 방울 떨구어지는 핏방울은 잦는데, 바람도 죽고 없고 마리아는 우는데, 마리아는 우는데, 人子(인자)여! 인자여! 마즈막 쏟아지는 폭포 같은 빛줄기를 어떻게 당신은 주체할 수 있었는가?

내게도 다시 삶을

당신이 누으셨던
그 꽝꽝한 돌무덤은

漆(칠) 같은 심연에의 오히려 첫 문
다시는 못 돌아올 어둠의 층계
주검의 층층계의 밑바닥에서

오, 이기신 이!
조용히 손을 들어,
눈부시듯 찬란한

빛살을 불러
무덤 속을 하나 가득 채우셨도다.

새로 푸른 하늘 밑
아침 이슬 촉촉한 풀밭을 향해

《거미와 성좌》

무덤 문을 처음 열고 나오셨도다.
아, 이제는 아무도
당신이 주신걸래 앗아 가진 못하는
내게도 다시 삶을 주시었도다.

갈보리의 노래 Ⅲ

— 무엇이 여기서는 일어나야 하는가? 갈보리의 하늘은 여전하고나. 하늘도 해도 있고 여전하고나. 비틀거리며 비틀거리며 지고 오른 나무틀엔 피와 땀의 기름, 번들거려 하늘 아래 고웁기도 하고나. 내가 쓰는 면류관 가시관 위에, 아으, 무지개처럼 이제야 둘려 피는 圓光(원광)을 보라! 진달래를 익이듯, 네 군데의 못자국은 네 군데의 꽃잎임. 솟쳐 나는 고은 피여! 먼, 먼, 은하에도 한 줄기의 피의 강은 서는데, 떨궈지는 방울마다 타는 목마름, 타는 목마름. 아으, 海絨(해융)에 적신 초는 너무 달고나. 저, 바람소리, 해일소리, 죽음소리 어둠소리…… 한낮의 갈보리는 캄캄해져 오는데, 땅들은 갈라지고 무덤들은 트는데, 엘리…… 엘리 …… 엘리 …… 아으, 사랑하게 하라. 사랑하게 하라. 이제야 다시 한 번 사랑하게 하라. 진달래꽃 짓이기듯 이겨진 가슴 피와 살로 저희들을 싸안게 하라. 죽음을, 원수를, 어둠을, 밤을,

《거미와 성좌》

이제야 다시 한 번 껴안게 하라. 쏟아지는 먹비 대신 찬란한 빛발, 하늘 함빡 빛발들이 쏟아져 오면, 가슴마다 새로 發(발)해 빛이 솟으면 사랑이어! 꽃 빛발 꽃 빛발에 쓰러지게 하라. 파다아하게 서로 안고 쓰러지게 하라. 파다아하게 서로 안고 일어나게 하라.

날개

날개쭉지가 하나 돋아나며 있을 것이라고 나는 생각한다. 내 마음 내 속 혹은 내 혼 어디메쯤 날개쭉지가 한 쌍 돋아나며 있을 것이라고 나는 생각한다. 어느 오월 높다랗게 잘 개인 집푸른 하늘 같은 보드랍고 멀디 먼 푸른 빛 깃쭉지가 날씬하고 찬란하게 돋아나며 있을 것이라고 나 혼자 있을 때면 가져 보는 생각은 그것은 얼마나 놀랍고도 신이 나는 얘긴가.

아무도 모르는 새, 나조차도 모르는 새 자라나는 것, 하늘빛 새파란 하늘빛 푸름 위에 햇살에서 뿌려진 햇살 같은 것, 별들에서 뿌려진 별빛 같은 것 그런 것이 뻔쩍이는 눈이 부신 깃쭉지……
물에서도 안 젖고 불에서도 안 타는, 날을수록 더욱 더 빛나가는 푸른 깃……그런 것이 내게서 자라나며 있다는 것은 얼마나 놀랍고 신이 나는 얘긴가.

무덤―그것은, 못 견디게 우리에겐 슬픈 곳이 아닌가? 설흔 해를 이냥 살다 흙으로 돌아가고 일흔

《거미와 성좌》

해를 살다가도 흙으로 돌아가고 백년 뒤 혹은 또 만년 뒤의 사람들도 흙으로 돌아가고…… 오고 오는 사람들은 이대로의 우리 육신, 못 견디게 가슴마다 타는 것을 지닌 채 초롱대던 두 눈들을 억지로 감고, 아으 땅 속으로 묻혀가긴 서른 일이 아닌가? 먼 옛날부터 그러해 온 푸르름의 하늘, 그런 것이 스며 지면 깃쭉지가 되리라. 억만년 타고 타는 외로운 햇볕 그런 것이 배여 오면 깃쭉지가 되리라. 영영겁 켜져 있는 별과 별의 푸른 혼, 그런 것이 젖어 오면 깃쭉지가 되리라. 또 저, 글성대며 나고지는 푸른빛 월광, 그런 것이 배어 오면 깃쭉지가 되리라.

그러면 사월쯤, 그러면 오월쯤, 그러면 팔월쯤, 나는, 푸른 깃을 펄펄거려 위로 간다? 그러면 내 후년, 혹은 또 십년, 혹은 또 백년, 혹은 또 천년 뒤에, 흙에 묻힌 이 육신이 날아오른다? 오래 오래 겹쳐 닳은 당신의 호흡 당신의 熱(열) 한 숨이 무덤 속을 불면 몇 만리씩 바라뵈는 밝은 눈을 하고 훨훨훨 날새처럼 위로 간다? 날개쭉지가 한 쌍, 나도 몰래 어디메쯤 자랄 것이다 · 내 마음 내 속 혹은 내 혼 어디메쯤 찬란하게 푸른 깃이 자랄 것이다 · 백만 명 혹은, 천만 명쯤 둘러싸고 울려 주는 것, 한꺼번에 울려 주는 나팔소리에 꽝꽝꽝 덮은 것을 껍질처럼 빠개고, 날갯짓 훨훨 털며 날아나는 것, 그런 날이 온다는 것은 눈물겨운 얘기다 · 그렇다고 믿는 것, 그렇게쯤 믿으면서 바래가는 것, 신나고도 그것은 눈물겨운 얘기다.

IV

바다와 아기

아가야, 너는 바다가 좋으냐?

망망한 바닷벌은 부드러운 엄마 품
부드러운 바다의 품은 부드러운 젖가슴
엄마의 젖가슴처럼 바다가 좋으냐?

오늘, 너는, 세상에 나서 처음 바다를
보는 건데,
울 — 울울 밀려오는
어른들은 오히려 저 바다가 무서운데,
너무도 깊디깊어 바다가 무서운데,

오손도손 동무처럼 예쁜 손으로
한 오큼씩 길어 올려 바다를 되질하고
오리처럼 빨간 발로 바닷물을 찰박여,

아가야, 너는
고기잡이 할아버지 어부를 잡아먹은
바닷 싸움 크게 할 때 싸움배를 잡아먹은
저, 검푸른, 죽음들을 안고 있는,
바다가 파도 떼가 안 무서우냐?

가슴의 잔물결은 바다에도 아기바다

금싸라기 물모래를 사락사락 일으면
아가야, 너는,
네 뒤를 지켜 섰는 네 엄마도 모르고
혼자서만 찰박이며 무심하고나.

저녁 때—
멀리서 물을 치며 바람결은 이는데……
울—울울 몰려들어 물살들은 높은데……

《거미와 성좌》

비둘기와 종

비둘기가 곤두박혀 떨어지고 있었다.
노을 물 붉게 젖은 벽이 하얀 종탑,
천년을 침묵해 온 청동종을 맞받고
어떤 놈은 머리로 어떤 놈은 쭉지로 어떤 놈은 부리로
한 마리 또 한 마리 열 마리 백 마리
날아들어 맞부딪곤 떨어지고 있었다.
부딪치는 머리마다 피가 흘렀다.
부딪치는 쭉지마다 살이 터져 뛰었다.
피에 묻어 젖으며 피에 묻어 젖으며
아, 가느다랗게
한마디도 청동종은 울지 않는데,
청동종은 침묵한 채 울지 않는데,
한 마리 또 한 마리 열 마리 백 마리
어떤 놈은 머리로 어떤 놈은 쭉지로 어떤 놈은 부리로
부딪치곤 피를 흘려 떨어지고 있었다.
갈기갈기 쥐어뜯어 포효하는 바다
아, 천 길
종탑 아랜 새파란 발광하는 바다
파도에로 꽃잎처럼 흩날리고 있었다.

나무숲 땅 속에는

눈이 하얀 숲
카랑 카랑한
칼바람에 불리우는 나무 숲 땅 속에는
어떻게일가?
따사하고 투명한
하늘들이 스며들어 펼쳐지고 있었다.
햇살들이 스며들어 소릴 치고 있었다.

포르므레한
새로 피는 속잎들이 오손도손 지껄이고、나란 나란히
소녀처럼 몰켜오는 노래하는 물줄기
햇살처럼 물줄기가 펼쳐오고 있었다.

죄그맣고 예쁜
꽃에서는 꽃의 얼 풀잎에선 풀의 얼이
아、인제는 열려야 할 내일에의 꿈
또한 번의 삶을 위해 약동하고 있었다.

《거미와 성좌》

다시롭고 포근한 서로들의 호흡
서로들의 호흡으로 어둠을 물리치고
별살 속에 일제히 합창하고 있었다.

그 오래 지상에서 치러 온
꽃일 때의 흘리던 잎일 때의 흘리던
눈물과 피와 죽음에의 희생들
그것들이 새로 살아 소리치는 생명이
아, 어떻게일가?
스며들은 투명한 하늘들을 이고
스며들은 따사한 햇살들을 입고
일제히들 낭랑하게 뛰고 있었다.

아이를 재운다

아이가 운다.
이 아이가 또 자지 않고,
어쩌라고 바락바락 난리처럼 운다.
아랫니가 두 개
별같이 뾰죽 난 놈,
초롱초롱 눈동자가 샛별같이 빛나는 놈이,
땡삐에게 쏘인 듯,
한꺼번에 갑자기 천지를 잃은 듯,
아, 어쩌라고 끝이 없이 난리처럼 운다.

어둠이 물 밀리듯 방안 가득 찬다.
바람이 달라붙어 창을 덜덜 흔든다.
진종일을 지내도 누구 하나 얼씬 않는
서울서도 이 골짝,
어쩌면 이 골짝은 산중 같은 막바지,……
산중 같은 방 속에서 아이가 운다.

《거미와 성좌》

자장가를 불러 본다. 그래도 운다.
행진곡을 소리쳐 본다. 그래도 운다.
팔을 비어 잠재워 본다. 그래도 운다.

— 자장 자장……, 자장 자장……,

먼 어릴쩍, 어머님이 나를 재운 옛 자장가,
포근하고 구성진,
그러한 곡을 불러본다. 그래도 운다.
아무것도 안 해 본다. 그래도 운다.

— 둥기 둥기 둥기, ……
— 둥기 둥기, 둥기, ……

두리쳐 업고 추실러 본다. 그래도 운다.
아, 나는, 아무것도 할 수가 없다. 그래도 운다.
아이엄마는 지금쯤
불은 젖을 문지르며
허위대며 글성대며 어느 길을 오는가?

배가 고파 못 견디어 이 아이는 울리라.
엄마 품이 그리워서 이 아이는 울리라.
손과 발이 차고 시려 이 아이는 울리라.
어두운 방이 싫여져서 이 아이는 울리라.
어쩌면 이 아이는
모든 것 세상일,
모든 것이 신통치 않아 우는 것일지도 모르리라.

내 마음, 내 모습, 이러한 꼴의 아버지가
이러한 애비가 싫증이 나서 우는 것인지도 모르리라.
어쩌면 또 이 아이는
앞으로의 저의 생애,
갈수록 신산할 것만 같은,
그러한 것의 서러움을 우는 것인지도 모르리라.

우는 아이를 등에 업은 채 뜰 아래로 내려선다.
좍악 찬란한 하늘의 별들……,
— 아가야 별을 봐라. 아가야 별을 봐라.
저렇게 많은 하늘의 별 중에
어느 별이 너를 지키는 너의 별이냐?
가난하지만 아버지는
하나, 둘, 셋, 세 개의 별,
애비를 지키는 세 개의 별을 오늘 밤 너에게 알려 주마.

첫째 번 별은 나의 사랑, 산난초꽃빛 푸른 빛갈
주루루루 눈물이 흐르면 맑고 푸른 강물이 되고,
둘째 번 별도 나의 사랑, 백합꽃 꽃빛 하얀 빛갈
주루루 흘려 젖을 짜면 흰 젖이 흘러 장강이 되고,

《거미와 성좌》

셋째 번 별도 나의 사랑 장미꽃 타는 고운 핏빛
창에 찔리어 주루루 흘린 피가 굽이쳐 돌아
사랑의 강이 된,
그러니까 저 첫째 번 별은 너의 엄마 별,
그러니까 저 둘째 번 별은 나의 엄마 별,
그러니까 저 셋째 번 별은 나의 주의 별,

아, 세 개의 저 별이 지금도 저렇게 아가의
눈물을 보고 있다.

바람이 더욱 차다. 밤이 점점 깊는다.
너의 엄마도 어디쯤 지금은 저 별을 보며
오겠지……

— 잘자라. 아가야.
먼 하늘 별들의 손길, 글성여 내리는 손길에
안겨,……

이 아이를 지키는 하늘의 별은 나의 별보다 더
빛나고 크라.
이 아이를 비추는 하늘의 태양은 나의 것보다 더
밝게 하라.
이 아이가 잡는 세상의 손길들은 나의 것보다 더
따뜻하게 하라.
이 아이는 나보다 더 배불리 먹고 살게 하라.
이 아이는 나보다 더 따뜻이 입고 살게 하라.
이 아이는 나보다 더 자유로운 땅에서 살게 하라.

이 아이는 나보다 더 평화한 날 아래 살게 하라.
이 아이는 나보다 더 찬란한 하늘을 이게 하라.
— 잘자라. 아가야……

《거미와 성좌》

빛을 밟고

나는 빛을 밟고 있었다.
보드랍고 찬란한,
영원에서 영원으로 潮流(조류)처럼 흐르는
빛살들이 흘러가는 빛의 언덕에
빛살들에 불리우며 서서 있었다.

해와 달을 빨아다려 그보다도 더 밝은
별과 별을 빨아다려 그보다도 더 밝은
아, 있는 것과 없는 것
새로 있을 일체의
생명에서 생명에의 밝디밝은 파동!
파동하는 빛살 속에 서서 있었다.

흐느끼며 혼자 나는 울고 있었다.
거기
나의 앞을 흘러가는 망각에의 강
희망에로 엇바뀌는 영원한 흐름 속에
스스로가 지녀온 바위 같은 집
그 바위처럼 무거운
한 덩이의 비애와 한 덩이의 회한을,
한 덩이의 체념과 한 덩이의 절망을
하나하나 들어 던져 띄워 보내 버리고도、

그때에 또 거기 일제히 휩싸 오는
억 십만 천만 명의 빛살 속의 교향악
그 사이를 흩뿌리는
현란하고 자욱한 꽃보래에 싸여서도
아, 무엇 때문에 나는
흐느끼며 혼자 서서 울고 있었다.
가슴 속 핏줄 속에 생명 속에 녹아 든
이대로는 못 버릴 지상에의 사랑
너희에의 사랑일래 울고 있었다.

《거미와 성좌》

꽃

이는 먼
해와 달의 속삭임
비밀한 울음.

한 번만의 어느 날의
아픈 피흘림.

먼 별에서 별에로의
길섶 위에 떨궈진

다시는 못 돌이킬
엇갈림의 핏방울.

꺼질 듯
보드라운

황홀한 한 떨기의
아름다운
靜寂(정적).

펼치면 일렁이는
사랑의
湖心(호심) 아.

너는
이제도 눈을 들어

여기
암담한
땅 위

소란하나 오히려
뼈에 저려 사무치는
고독의 굽이 위에

처절한 벼랑 위에
입술을
열고

그
죽어도 못 잊히울
언젠가는 한 번은
허릴 굽혀 맞대 올

먼 너의
해와 달의 입술의
입맞춤을 기다려
떨고 있고나.

《거미와 성좌》

思想 (사상)

당신의 눈이 미치지 않는
영원한 산모롱에 혼자이게 하소서.
당신의 빛이 미치지 않는
영원한 어둠 속에 혼자이게 하소서.
당신의 목소리가 미치지 않는
영원한 들벌판에 혼자이게 하소서.
당신의 숨결이 미치지 않는
영원한 빙벽 속에 혼자이게 하소서.
당신의 어루만짐이 미치지 않는
영원한 고독 속에 혼자이게 하소서.

그 深海 (심해) ─ ,
시퍼렇게 날이 선 刀劍 (도검) 들이 가라앉고
보석들이 미녀들이 황제들이 가라앉고
성곽들이 도시들이 인민들이 가라앉고
노예와 착취와 약탈과 살륙
애욕과 질투와 눈물과 피흘림이
역사와 시간과 종교와 문명들이
죽음과 무와 신비들이 가라앉은
다만 지금은,
영원한 푸르름과 정적만이 가라앉은,
심해!
그 안에 잠수하여 혼자이게 하소서.
당신의 둘레에서 영원히 절연된

스스로의 빛

별처럼 스스로를 등불 켜게 하소서.
그 절정—
그러한 심해 위에,
영원한 설레임이 하늘 아래 파도치는
끓어 몸부림쳐、
스스로 피로 타는 햇덩이가 입술 닿는
절정！
찌를 듯 솟아 섰는 孤島（고도）의 절정 위에
그 위에 내가 서서 혼자이게 하소서.
무한비약 무한낙하 어느 것도 맘대로일
눈 같은 상아빛
생각하는 미이라로 혼자이게 하소서.

《거미와 성좌》

전율의 수목

하얀 별이 침묵하는
언덕은 고독.

고독한 언덕 위에
직립해 선 나무여.

한 떨기 적은 꽃 한 마리의 풀벌레
한 알의 모래알도 하얀 별에 沈淪(침윤)된、

하늘과 햇볕살과 바람결에 맞짜인
쌧하얀 고독 속의 홀로 섯는 나무여.

먼 새파란
바다의 손짓에도 눈을 안 주고、

희살짓는 바람에도
귀를 안 주고、

위으로·위으로만 눈을 들어 손을 추켜 키를 돋궈
모두어 모두어 촛불처럼 타오르는、
포풀라!

반짝이며 파들대는 잎잎들의 전율

잎잎들의 눈、 잎잎들의 입、 잎잎들의 마음、
잎잎들의 精魂(정혼)의、

그 푸른、 먼、 미지의 渴慕(갈모) 위의
황홀한 몸짓이어.

그 죽음——、 죽음의 저쪽에의 생명에의 비약
그 찬란한——、 무한에의 熱慕(열모)의 절대한
경련이어.

파들대는 날갯짓
잎잎들의 절규의 날갯짓은 고독.

먼 江河(강하)에로 잇다달은 수맥에 뿌릴 하고
그 샅샅이、 地心(지심)을 더듬으며 상흔을
연민해도、

가지는 위으로
잎잎들은 白熱(백열)히、

그 무한에로 전율하며
고독을 산다.

《거미와 성좌》

아내를 위한 자장가

바람에 서느러히 흔들리며
닿을 듯 하늘로 싱싱한
긴 너의 살눈썹은
푸르른 수림.

수림으로 둘리운 잔잔한 수면
하늘 먼
옛날로의 옛날로의,
푸른 네 두 눈은
생각하는 호수.

그 호수, 그 눈, 이제는 오,
고요히 나의 품에
아가처럼 감으라.

흰 나랠 채곡 접듯
생각하는 지침과 꿈의 나랠 걷우고
아가처럼 안겨들어
밤 품에 쉬이라.

불에 타는 강물처럼
노을 이미 온 하늘 활활 타며 번져가고
흰 너의 이마 위를

먼 하늘 푸른 별들 덧덮여 흘러가면
나는
솟쳐 오는 바닷파도
노해 오는 파돌 막아 너희 곁에 살마.

반짝이는 아침이슬 수풀 사이를
점점한 붉은 꽃잎 어지러운 사이를
피 흘려 쫓겨 닫는 나어린 짐승 떼와
쫓는 짐승 포효소리
오늘도 어제 같고,

지리 지리 지리 ……
목이 가는 풀버레들 잎그늘에 엎드려
이제야 일제히
흘러드는 달빛 위에
울어 예며 있다.

약하나 비록
너를 비운 내 팔은 산맥으로 삼고
흰 너의 이마 위에 입술이랑 묻으며
아내여!

《거미와 성좌》

저 바람소릴 지켜 줄게 지금은 자렴.
짐승소릴 지켜 줄게 지금은 자렴.

이브. 오 나의 이브.
푸른 저, 숲을 넘어 들려오는
카인에게 죽이운 아벨의 피의 소리,
쫓겨나는 카인의 목을 놓는 울음소리,
여울처럼 세차 오는 울음소리들도
아, 이 밤,
자는 네겐 모르도록
나만 혼자 울마.

바다와 무덤

바닷가의 언덕에 있어야
할 것이다.
아내여!
내가 죽으면 무덤은
진종일 귓가에 와 파도가 철석이고
멀리론 저렇게 바닷벌이 펼쳐진
그런 곳에 조용히 있어야
할 것이다.

언제부턴가 파도는
오래도록 저렇게 쉴 줄을 모르는
푸르른 푸르른 가슴들의 사무침
살아 있어 일찍 내가 지상에선 못다 한
못 견디게 솟음치는 푸른 호소를
아내여!
나도 그때 바다와
함께하게 하여 다오.

《거미와 성좌》

언제―、
그 주검들을 일으킬
무덤들을 쪼개 열을 금빛 나팔을
어느 별의 천사가 와 불어 줄진 몰라도
아내여! 나는
저 쏟아지는 별살들의 따신 포옹과
파도들의 자장가가 들려오면 그만,
눈이 부신 찬란한 기다림의 아침이
백 천년 또 혹은
그보다도 더 오랜 언제라도 좋다.

펑, 펑, 펑, …… 저
쏟아지는 찬란한 햇살 속에는
옛날에 옛날부터
핏빛 피다 찢긴 억만 떨기 꽃
꽃의 얼이 소리치며 있을 것이다.
종일을 우쉬대는 파도 속에는
옛날에 옛날부터
핏빛 숨어 흐른 찬란한 눈물
그 억만 줄기 눈물들이 있을 것이다.

꽃 한 떨기, 적은
패랭이꽃 한 떨기 안 필지라도
새 한 마리, 죄그만,
멧새 하나 찾아와서 안 울지라도
푸른 바닷가, 아,
내가 누은 무덤은 찬란한 왕국

그 금빛 나팔소리 울려와
일제히 모두 일어 새로 빛을 받으면
쏟아지는 별살 새로 하늘 하나 가득
다시 피는 장미들이 퍼불 것이다.
바다에는 바다 함빡 물굽이마다
눈물들이 새가 되어
날을 것이다.

《거미와 성좌》

시인공화국

가을 하늘 트이듯
그곳에도 저렇게
얼마든지 짙푸르게 하늘이 높아 있고
따사롭고 싱그러이
소리 내어 사락사락 햇볕이 쏟아지고
능금들이 자꾸 익고
꽃목들 흔들리고
벌이 와서 작업하고
바람결 슬슬 슬슬 금빛 바람 와서 불면
우리들이 이룩하는 시의 공화국
우리들의 영토는 어디라도 좋다.
우리들의 하늘을 우리들의 하늘로
스스로의 하늘을 스스로가 이게 하면
진실로 그것
눈부시게 찬란한 시인의 나라
우리들의 영토는 어디에라도 좋다.
샛푸르고 싱싱한 그 바다 —
지줄대는 파도소리 파도로써 둘리운
먼 또는 가까운
알맞은 어디쯤의 시인들의 나라
공화국의 시민들은 시인들이다.

아 시인들의 마음은 시인들이 안다.
진실로
오늘도 또 내일도 어제도
시인들의 마음은 시인들만이 안다.

가난하고 수집은
수정처럼 고독한
갈대처럼 무력한
어쩌면
아무래도 이 세상엔 잘못 온 것 같은
외따로인 학처럼 외따로인 사슴처럼
시인은
스스로를 위로하고 스스로를 운다.
아 시인들의 마음은 시인만이 안다.

실로
사자처럼 오만하고 양처럼 겸허한
크다란 걸 마음하며 적은 것에 주저하고
이글이글
분화처럼 끓으면서 湖沼(호소)처럼 잠잠한
서슬이 시퍼렇게 서리 어린 비수、

《거미와 성좌》

비수처럼 차면서도 꽃잎처럼 보드라운
우뢰를 간직하며 풀잎처럼 때로 떠는

시인은 그러면서
오롯하고 당당한

미를 잡은 사제면서 미의 구도자、
사랑과 아름다움 자유와 평화와의
영원한 성취에의 타오르는 渴慕者 (갈모자)、
그것들을 위해서 눈물로 흐느끼는
그것들을 위해서 피와 땀을 짜내는
또 그것들을 위해서
투쟁하고 패배하고 추방되어 가는
아 현실 일체의 구속에서
날아나며 날아나며 자유하고자 하는
시인은
영원한 한 부족의 아나키스트들이다.

그
가난하나 다정하고
외로우나 자랑에 찬
시인들이 모인 나란 시의 공화국
아 달처럼 동그란
공화국의 시인들은 녹색 모잘 쓰자.
초록빛에 빨간 꼭지
시인들이 모여 쓰는 시인들의 모자에는
새털처럼 아름다운 빨간 꼭질 달자.
그리고、또、

공화국의 기빨은 하늘색을 하자.
얼마든지 휘날리면 하늘이 와 펄럭이는
공화국의 기빨은 하늘색을 하자.

그렇다 비둘기,……
너도 나도 가슴에선 하얀 비둘기
푸륵 푸륵 가슴에선 비둘기를 날리자.
꾸륵、구、구、구、꾸륵!
너도 나도 어깨 위엔 비둘기를 앉히자.
힘 있게 따뜻하게,
어깨들을 걷고 가면 풍겨 오는 꽃바람결,
우리들이 부른 노랜 스러지지 않는다.
시인들의 공화국은 아름다운 나라다.
눈물과 외로움과 사랑으로 얽혀진
희생과 기도와 동경으로 길리워진
시인들의 나라는 따뜻하고 밝다.

시인이자 농부가 농사를 한다.
시인이자 건축가가 건축을 한다.
시인이자 직조공이 직조를 한다.
시인이자 공업가가 공업을 맡고、

《거미와 성좌》

시인이자 園丁(원정), 시인이자 목축가,
시인이자 어부들이,
고기 잡고, 마소 치고, 꽃도 심고, 길도 닦고,
시인이자 음악가, 시인이자 화가들이,
조각가들이,
시인들이 모여 사는 시의 나라 살림을,
무엇이고 서로 맡고 서로 도와 한다.

시인들과 같이 사는,
시인들의 아가씨는 눈이 맑은 아가씨.
시인들의 아가씨도 시인이 된다.
시인들의 손자들도 시인이 된다.
아, 아름답고 부지런한,
대대로의 자손들은
공화국의 시민,
시인들의 공화국은 멸망하지 않는다.

눈물과 고독, 쓰라림과 아픔의
시인들의 마음은 시인들만이 아는,
아, 시인들의 나라에는 억누름이 없다.
시인들의 나라에는 착취가 없다.
시인들의 나라에는 도둑질이 없다.
시인들의 나라에는 횡령이 없다.
시인들의 나라에는 贈收賄(증수뢰)가 없다.
시인들의 나라에는 미워함이 없다.
시인들의 나라에는 시기가 없다.
시인들의 나라에는 위선이 없다.

시인들의 나라에는 배신이 없다.
시인들의 나라에는 아첨이 없다.
시인들의 나라에는 음모가 없다.
아、시인들의 나라에는 당파싸움이 없다.
시인들의 나라에는 피흘림과 살인、
시인들의 나라에는 학살이 없다.
시인들의 나라에는 강제수용소가 없다.
시인들의 나라에는 공포가 없다.
시인들의 나라에는 집 없는 아이가 없다.
시인들의 나라에는 굶주림이 없다.
시인들의 나라에는 헐벗음이 없다.
시인들의 나라에는 거짓말이 없다.
시인들의 나라에는 음란이 없다.
그리하여 아、절대의 평화、절대의 평등、
절대의 자유와 절대의 사랑.
사랑으로 스스로가 스스로를 다스리고、
사랑으로 이웃을 이웃들을 받드는、
시인들의 나라는 시인들의 悲願 (비원)
오랜 오랜 기다림이 이루어져야 할 것이다.

《거미와 성좌》

그러나 시인, 어쩌면,
이 세상엘 시인들은 잘못 내려온 것일까?
어디나 이 세상은 시의 나라가 아니다.
아무데도 이 땅 위엔 시인들의 나라일 곳이 없다.
눈물과 고독과 쓰라림과 아픔,
사랑과 연민과 기다림과 기도의,
시인들의 마음은 시인들만이 아는,
시인들이 이룩하는 시인공화국,
이 땅 위는 어디나 시인들의 나라이어야 한다.

V

새해에 드리는 기도

푸른 하늘의 태양을 우러르듯
향기로운 풀밭의 적은 풀꽃을 굽어보듯
그렇게 당신을 대하고
모두를 대할 수 있는 맑은 마음을 주소서.

모랫벌이 불타듯 마음이 팍팍할 때
새 풀을 싹 틔우는 봄 숲의 비처럼
그렇게 신생하는 사상의 비를 내리소서.
사랑하는 사람들을 사랑으로 사랑하고,
죽이고 싶도록 미워지는 사람들도 사랑으로
사랑하고,
노함에는 너그러움
슬픔에는 슬픔、 즐거움엔 즐거움으로 위로를 줄
수 있는、
당신의 피와 같은 뜨거운 피흘림이
솟아나 용솟음쳐 불타보게 하소서.

그리고 또 우리에게
공포에는 안심、 속박에는 자유를、
굶주림엔 배부름을、 추위에는 따스함을、
이별에는 만남을、 외로움엔 위로를、 전쟁에는
평화를 주시되、
아기들 잘 자라고、 젊은이는 씩씩하고、 늙은이는

평강하고,

이웃들은 서로 믿고 다정하게 하소서.

무엇보다도 우리들은

그 불멸하고 숭고한 사랑과 진리와 아름다움에

대한 신념에

확고하고 불타올라

그것을 거역하는 일체의 악에 대한 항거에

용감하게 하소서. 열렬하게 하소서.

무엇보다도 올해에는

모든 일이 우리에게 正常(정상)하게 하소서.

마땅히 있을 것이 있고, 일어날 것이 일어나고,

될 것만이 되고, 이룰 것만이 이루어지게

하소서.

슬프고 괴롭고 처절하고 아픈 일

끔찍하고 통분한 일이 안 일어나게 하소서.

우리들로는 어쩌지 못할 일이

일어나지 않게 하소서.

《거미와 성좌》

올해에도 또

올해에도 또
봄에는 새잎 돋아 붉은 꽃 피고 지고、
여름에는 짙은 녹음 소낙비와 무지개
가을에는 금빛 벌에 불붙는 단풍 불리우는 마른 낙엽
겨울에는 산에 들에 눈이 오겠지.
소복소복 마을마다 함박눈이 오겠지.

올해에도 또
노고지리 지줄대고 풋송아지 뛰엄 뛰고
제비 다시 찾아들고
뫼추라기 알을 까고
뜸북새도 울겠지.
소리개 하늘 돌고 산에는 산짐승
짐승 떼는 서로 말아 새끼 배고
기러기가 울겠지、찬 하늘 달을 감고 북녘으로 가겠지.

올해에도 또
아、아가들 주먹 빨고、떠듬떠듬 발음 늘고、
걸음마가 늘겠지、넘어질 듯 배착이며 걸음마가
늘겠지.
소녀들의 가슴에는
물 어린 푸른 달빛 하나씩의 달이 뜨고
젊은이는 사랑을 뜨거운 입맞춤을

먼 하늘 별을 헤여 지혜들을 더하고
늙은이는 옛날들
따신 볕 양질 찾아 옛날들을 조을겠지.

올해에도 또
따신 볕과 자비를 골짝마다 베풀어
하느님은
악한 자와 착한 자를 한결같이 하시고
서른 자에 위로를, 치운 자에 따심을, 주린
자에 배부름을, 외론 자에 훈훈함을,
오, 미움에는 사랑을,
악한 자엔 뉘우침, 오만한 자엔 겸손을,
골짝마다 골고루 내리시겠지.
마음마다 어루만져 내리시겠지.

아, 올해에도 또
그 너무도 큰 섭리 아래
나는 자는 나고 죽는 자는 죽겠지.
갈 것은 가고 올 것은 오겠지.
따사로운 볕살 아래 불어치는 바람 속에
오늘은 오늘, 내일은 또 내일,
천년이 하루 같은 하루가 천년 같은
먼, 먼, 황금 빛갈 억만년의 층계를
너와 나의 한 해가 밟고 가겠지.
섬광처럼 한 해 해가 지나가겠지.

《거미와 성좌》

망각의 강가에서

내일이 있을 뿐인 것을.
우리 모두 오늘을 잃어버린 쓸쓸한 사람들에게는
또 하나 기다리는 내일이 있을 뿐인 것을.

반 하늘 펄럭이는 피 묻은 기빨 아래
펄럭이는 기빨 아래 민주공화국
피에 어린 기빨 아래 우리들의 거리에는
망각의 검은 강물, 망각의 붉은 불길,
끊임없는 강물과, 꺼지지 않는 불길이 있을 것을.
아, 다만, 잊어버려야 할, 오늘과 어제가 있을 뿐인
것을.

그 새파랗던 하늘 아래 삼백 예순 다섯 날을
속임수와 배신과 파당쌈과 살인과, 도둑질과 깡패와
횡령과 밀수와,
그런 것과 눈물과 피흘림 속에, 우리 모두,
깜깜한 빛 절망이 있었을 뿐인 것을.

그리하여 우리 모두 오늘은 오직 뉘우침의 바위마저
강물 속에 버려,
다시는 안 돌아올 망각에의 강흐름,
강흐름에 띄워 넣고 돌아설 뿐인 것을.

오늘을 떠나 보낼 영겁에의 강가에서
다시 한 번 피에 젖은 이마를 들어,
다시 한 번 내일을 손짓할 뿐인 것을.
또 하나의 내일을 바라볼 뿐인 것을.

《거미와 성좌》

다시 부르는 一月(일월)의 노래

땅에 깊이 젖어 사는 피의 고운 꽃무늬여.
바다 깊이 스며 사는 피의 고운 꽃보래여.

경상도에 묻혀 사는 피의 무늬여.
강원도에 묻혀 사는 피의 무늬여.
경기, 충청, 전라, 황해, 평안, 함경도에 묻혀 사는 피의 무늬여.
제주도에 묻혀 사는 피의 무늬여.

먼 옛날, 먼 옛날, 카인으로 하여
아벨의 흘린 피는 땅에 젖어 깊이서
내여저어 소리 높여 피의 호솔 했다는데,

잠 자듯 잠잠하니,
모두 너희
잠잠하니 스미인 채 말이 없고나
바람 불고 가고, 구름만 떴다 가고,
봄, 가을,
어느 날도 말이 없이 잠잠들만 하고나.

너희들이 못다 한 너희들의 호소
너희들이 못다 쉬인

아름다운 숨결이,

바람들이 불어오면 바람 속에 채색되고,
구름들이 떠 오면 구름 속에 물들고,
강에는 강、 바다에는 바다로
굽이마다 스며드는 피의 꽃보래.
달을 향해 피어 내면 달이 그을고
해를 향해 피어 내면 해가 그을 뿐.

아, 한마디도 발음 되어 호소하진 못하는
너무도 잠잠만 한
너무도 잠잠만 한 피의 고운 꽃무늬여.

북한강、 낙동강、 임진강에 스며 사는
설악、 五臺(오대)、 금강、 智異(지리)、
묘향산에 묻혀 사는 아름다운 핏무늬,
남해、 황해、 동해 물에 스며 사는 아름다운
핏보래여.

너희 그때 마지막 하고 싶던
너희들의 피의 호솔 내여저어 웨치면、

《거미와 성좌》

너희들의 호소로 날이 열리면,
먼, 별과 별이 호응해서 꽃보래를 안 뿌리랴、
하늘에는 햇비둘기
골짝마단 금빛 말에 꽃수레가 안 달리랴?
단 한 번 천년만큼 새로 피는 하늘 아래
너희들이 피워 올린 무지개의 수풀 아래
우리들 모두、
새로 받는 빛발 아래 미쳐 나지 않으랴?
다시 한 번 서로 안고 통곡하지 않으랴?

먼 먼 옛날에는 카인으로 하여、
아벨의 흘린 피가 땅에 젖어 깊이서
내여저어 위으로 피의 호솔 했다는데、
따뜻했던 피여. 형제들의 피여.
젊은이의 피여.
땅에 깊이 젖어 살며 소리 하나 없이
오늘도 또 잠잠하니 말이 없고나·

우리들의 기빨을 새것으로 달자
— 1959년의 8·15에 —

때 묻어 낡은 것을 찢어 버리자.
우리 모두 이날
마음속의 기빨들을 새것으로 달자.

그날, 오래, 왜에게 사로잡혀 갇혔던 우리들이
죽음의 쇠사슬 공포의 지옥으로부터
꿈같이 풀려 나와 자유롭게 되던 날,
1945년 8월 15일.

그 8·15
해마다 한 번씩의 8·15가 올 때마다
우리들 모두 스스로 휘날리는 마음의 기빨로
서로 많이도 감격했고 많이도 뉘우쳤다.
많이도 외쳤고 많이도 결심하여 스스로를
다짐했다.

우리들의 힘,

《거미와 성좌》

우리들의 지혜,
우리들의 단결,
우리들의 사랑으로 잃은 땅을 도루 찾아 한
나라를 이루고,
훌륭하게 정치하여 행복되게 살자고,
다시는 뉘에게도 매여 살지 말자고, ……
파당싸움 하지 말자고,
다시는 이 겨레에 굶주림이 없게 하고, 오래 우리
값진 문활 빛내 가자고……

그러나 어떠한가. 우리들의 오늘은· 무엇을
우리들은 이룬 것이 있는가?
6·25、 저、 말하기도 끔찍한
젊은 피 뛰어 흘러 강을 이루고、 시체로 시체
위에 산을 쌓아올려、
강산은 다 무덤、 도시는 폐허、 태양도 낯을 돌려
피비린낼 피했을 때、 아、
우리들 모두 땅을 치고 이를 갈며 통분에 울었어도、
그랬어도 오늘、 진실로 오늘、
우리들의 현실은 이 모양이 아니냐、
우리들의 오늘은 한심하지 않으냐?
우리들의 내일은 암담하지 않으냐?

보라· 겨레들의 정기는 파쇠처럼 녹쓸고、
윤리는 떨어지고、 민심은 해이하고、
정치·경제·문화·산업·외교、 모두가 모두들이
분뇨처럼 썩었다·

아무것도 이 땅엔 생명에 찬 게 없고
아무것도 이 땅엔 희망할 것이 없다.
설령— 누가 있어 이것을 부인하고 싶을지라도
다음 말만은 승인하여 인색하지 말라.
—우리들은 지금, 그 뉘우쳐도 못 미칠 어두운 벼랑,
어디론가 분명히 잘못 가고 있다고.

그러나 또 그뿐인가? 그 8월 15일, 그렇게도 참담히
정의로 강타 당해 패배했던 왜들이,
스스로의 상처를 재빨리 씻고 꾀를 닦고 힘을 길러,
우리들의 분열과 부패를 조장하여, 호시탐탐 우리를
노리고 있지 않은가?
허리띠만 한, 해협 하나 저편에서 발톱을 갈며,
국제적인 음모, 간악한 흉계로, 지난날의 침략에
연연해 있지 않느냐?

또 북쪽으론 음험한 슬라브의 흉계
흰 곰의 탈을 쓴 흐루시초프의 나라의 이리들이
저 쓰아로부터의 전통, 남으로의 침략정책을 이제야
실현하여
아름다운 땅, 우리들의 겨레와 우리들의 국토를

《거미와 성좌》

그 반남알 더러운 발로 이미 짓밟고 있지 않느냐?
붉은 중국 똥되들의, 그 더러운 잇빨로 더불어
이미 짓씹고 있지 않느냐?

그렇다. 섭섭하나 이것은 거짓말이 아니다.
통분하나 이것은 곧 너무도 엄연한 우리의
현실이다.

외—우—내—환, 진부한 말이 아니다.
달걀을 쌓아올리는 초급한 위기, 이것도 오히려
진부한 말이 아니다.

그런데도 우리들은 스스로를 그르쳐 벼랑으로
벼랑으로 굴러내려가고 있다.

나라의 이익들보다는 당의 이익을, 당의 이익보다는
스스로들의 사리를 위해
잘들도 아우성대며 굴러 떨어져 가고 있다.
병든 나물 파먹어 들어가는 갑충 떼처럼.
죽은 살을 파먹어 들어가는 파충류처럼……

8월 15일. 아, 그러나, 누구들도 우리는
원망하지 말자.
해마다 돌아오는 이날마다면
휘둘러 둘러오던 스스로의 기빨을
우리들의 기빨들을 다시 한 번 살피자.
때 묻어 낡은 것은 찢어버리자.
오늘만은 조용하게 스스로 살피자.
오늘부터 진정으로 새 기빨을 날리자.
가장 오늘의 우리에겐 무엇이 절실한가를,

스스로의 가슴과 조국에다 묻자.

벗이여. 이때야말로 우리들은 우리의 이성을 불러일으키자.

이때야말로 우리는 우리의 정열을 불붙이자.

외치지 말고 과장도 말고, 다만, 스스로에게 알맞은 마음의 기빨,

새 기빨을 앞으로 들고 휘날려 휘날려 전진하자.

진실로 오늘, 너무도 고난에 찼던 우리들의 조국, 너무도 불행했던 우리들의 겨레 앞에, 벗이여.

사랑하는 이에게 사랑을 고백하듯 조용조용 낯을 붉혀 부끄리면서 해와 달과 별을 걸어 맹세를 하자.

나 하나 기울여서 할 수 있는 일, 겨레에게 바칠 일을 다짐해 보자.

우리들이 안겨 있는 조국이란 이름에 다시 한 번 사랑한다고 맹세해 보자. 다시 한 번 새가슴에 피 글씨를 쓰자.

8월 15일. 벗이여. 이것밖에 오늘 우리 무슨 할 말이 있는가?

사막처럼 메말랐던 시인의 마음, 아, 어줍잖은 시인의 맘에 눈물이 돈다.

《거미와 성좌》

경고 · 통곡 · 결의
— 1960년의 8·15에 —

해마다 돌아오는 8·15
우리들의 정치 계절
8·15와 더불어
오늘은
噫(희)! 우리 모두
저 4·19를 가슴마다 통곡해야 하는 날.

아, 이미 그처럼 핏소리로 외치다 죽었어도,
죽은 자는 죽은 자
죽은 자는 하늘 멀리 죽어갔을 뿐,
그날, 외치다 피 흘리다 쓰러진 자의
그 純熱(순열)한 , 하나 하나 넘어져 간
젊은이들 죽음 위에
오늘、살아 남은
정치、정당、정객
政商輩(정상배)들 혈안이 되어
利慾(이욕)의 혈투를 벌이고 있다.

피로써 피를 씻던 세종로 그 길
피 旗幅(기폭) 휘날리던 의사당 앞 그 언저리
아, 제2공화국、민주혁명、새나라、
혁명국회、참 · 민의원
피로 물든 이름이어!

부르기 좋아하는 이름들이어!

8월, 세종로 앞 그 거리, 의사당 앞 그 언저리의
하늘에는 아직도 젊은 혼들이 우는데,
또약볕에 아직도 젊은 혼들이 외치는데,
아, 저들 4월의 피를 짓밟으며
파당싸움, 당파싸움, 私利(사리) 싸움,
감투싸움,
흥정, 모략, 매수, 離合(이합), 암투,
몰염치한, 파렴치한, 4·19의 피의
날도둑들이어!

보라.
4·19 고귀한
그 무구한 피를 팔아 사리에 급급하고
사욕에 貪婪(탐람)하여 이리처럼 충혈된
4·19의 피를 훔쳐 애국을 파는 인간
4·19의 피를 훔쳐 혁명을 파는 인간
4·19의 피를 훔쳐 청렴을 파는 인간
4·19의 피를 훔쳐 지조를 파는 인간들

《거미와 성좌》

그 중에도

저、승만·리— 키붕·리— 의 독재자의 잔당、權謀(권모)、협잡、강압 착취수법의 亞流(아류) 들의

또 그러지 못해 그 문전에 끼룩이던 아부족들과 그 卒黨(졸당) 들의、

금력 권력 奸智(간지)와 詐術(사술) 로 오늘에 이른 사대주의, 노예근성, 기회주의 徒輩(도배) 들

위장하고 횡행하는 민주반역 악덕한들을、

스스로를 속이고 역사의 철칙에 항거하고

인민과 나라를 팔아 제 것으로 기름져 가는

卑劣無雙(비열무쌍)、厚顏無恥(후안무치) 한

똥버러지와 같은 정상배여!

찰거머리와 같은 모리배여!

페스트균 같은 高等僞善輩(고등위선배) 여!

우리는 알고 있다. 그대들의 정체를、

그대들의 行狀(행장) 을.

우리는 감시하고 있다. 그대들의 일거수 일투족을·

속일 것인가? 이제는 의와 正(정) 에 눈 뜬 인민들을

속일 것인가?

선량한 인민들의 관용을 도리어 악용하고

합법을 가장하여 민주혁명에 반동하는

물러가라 이리떼여! 버러지떼여!

이 이상 4·19의 피를 도용하지 말라·

이 이상 4·19의 정신을 모독하지 말라·

이 이상 정치의 이름
이 이상 혁명의 이름
이 이상 종교의 이름、
이 이상 교육의 이름、
이 이상 예술의 이름、
이 이상 인민의 이름을 도용하지 말라.
악의 씨와 피의 씨!
그대들이 뿌리는 씨는 그대들이 거둔다.

그리하여 우리 모두
저 쓰라린 4·19의 피의 마음
다시 한번 통곡하여 오늘에 울자.
다시 한번 결의하여 내일에 살자.

8월 15일
또약볕 8월달을 4월에 살아
憶(희)! 4·19……
아직도 살아 있어 피가 우는 거리
아직도 살아 있어 피 외치는 하늘 아래
피와 살로 이뤄 세울 제2공화국
뿌려 타는 피의 정신 이룰 때까지
무한혁명 피 달림길
세차게 가자.

《거미와 성좌》

강 I

이때야말로 강물이 터져
장강이 도도히 흐르겠지.
짓눌려 밀폐됐던 노한 강솟음
굽이쳐 뒤착이며 포효 치겠지.
발광 치겠지
뱃바닥 가슴팍 이마빡을 맞받쳐
별 달 해를 빠취 붉은 피로 휘적시는
피울음 붉은 호흡
죽일 놈의 혈맥들,
이리 떼 진한 터럭 눈이 붉은 개이리 떼와
異國種 (이국종) 눈알이 노란 식민지용의 승냥이까지
뿜어라 핏무지개 !
코피릴 불며 네 발을 치며
날나릴 치며 버둥대는
떠밀려 가라 뒤집혀 가라 발광을 치라 강.
거꾸로 가라 나자빠져라 휩쓸려 가라 이리
양의 피 인민의 피 자유의 피를 빨아먹던,
비둘기 피 우리들 피 가난한 피를 빨아먹던,
으르렁이며 희번덕이며
뱃대길 치며 빨아먹던,
헛바닥 푸른 잇빨 피아가리 !
갈가리 찢길 가죽 개이리떼여 !
뿜어라 핏무지개 !

사자의 떼 기빨 파도 노도가 가면
휘몰아쳐 절규의 폭풍 만세가 가면
이때에야 비로소 새 강이 터져
푸른 물 장강이 흐르겠지.
피에 젖은 별과 달 해가 씻기고
혁명의 강이 피흘러 가면 우리들의 꽃강
이때에야 비로소 새 강이 터져
햇살이 함빡 흐르겠지.

《거미와 성좌》

VI

항아리

길어 내리는, 길어 내리는,
하늘 가득 먼 푸름 항아리배여.
입술 갓을 빨고 가는
따스한 햇볕,
알맞은 보픈 배의
자랑스러움이어.
오랜 날 타내려 온 그리움에 익은
가슴 닿는 꽃익임의 향그러운 젖흐름
아, 아기 낳자·아기 낳자·
하늘 배임이어.
길어 안은 하늘 속의
햇덩어리여.

바다와 장미

손에 손 피맺히며 기어오르던
넌즛 뵈는 담장 밖은 푸른 바닷벌、
죽음들이 떠내려간 하얀 해변에
나래 붉은 새떼들의 꺾인 쭉지여.
파도가 볼을 치는、
바다 울음 흐느끼는、
죽음의 바다 앞에 장미는 절망.
가시 장미 가실 고뇌 심장을 찔러
너와 나는 바달 향해 나란히 죽자.
뿌리 깊인 뜨거이 꽃피를 묻자.
먼 앞날 다시 피어 꽃떨기로 살면
새 바다 함빡 펄펄 축제르 날리자.

《거미와 성좌》

4월

사스미가 너가 아니다.
암사슴이 너가 아니다
홰냥 노루 암노루야. 홰냥 노루 노루야.
네가 죽을 골짝에는
바다 소리가 없다.
깊은 산 산골짜기 꽃진달랠 익이는
네가 뭉갤 궁둥이에 불이 붙어라.
이슬 내려라.
지랄 내려라.
너 혼자 피에 빨려 죽을 줄도 모르고
이리건 개호주건 홰냥으로
당겨,
먼 파도 너의 귀에 되살을 때까지、
골짜기에 별을 깔고
피를 빨아라.

廢(폐) 화분

廢園(폐원) 한 모퉁이
이끼 푸른 초석 위에
기다리는 화분.
이미 죽어 말라 꺾인 국화둥칠
안고,
내가 너를 보는 동안
너도 나를 바라보아.
그, 긴, 三冬(삼동)을 인내하며
아, 봄 오면 잎이 피리
죽은 뿌릴 지키는,
먼, 하늘 아래 햇살 아래
슬픈 폐화분.

《거미와 성좌》

갈대

갈대가 날리는 노래다
별과 별에 가 닿아라.
지혜는 가라앉아 뿌리 밑에 침묵하고,
언어는 이슬방울,
사상은 계절풍,
믿음은 業苦(업고),
사랑은 피흘림,
영원・― 너에의
손짓은
하얀 꽃 갈대 꽃.
잎에는 피가 묻어,
스스로 갈긴 칼에
선혈이 뛰어 흘러,
갈대가 부르짖는 갈대의 절규다.
해와 달 해와 달 뜬 하늘에 가 닿아라.
바람이 잠자는、
스스로 침묵하면
갈대는
고독・

눈썹

눈 감으시올지.
아슬히 희신 이마
눈썹 고이 내려 접어
감으시올지.

그 바닷가
양이 있는 언덕의 따신 햇볕살
당신의 가슴 속엔
햇살 함빡 서리어、

쓰다듬어 날 안아 잠재우실 때
파도 밖 먼 노래 읊조리실지.
은 돛폭 황금 노로 저으시올지.

당신이 눈을 뜨심
영혼 너무 눈부시어、
눈 서로 마주치면
마음 너무 황홀하여、

안에 깊이 설렐까봐
당신의 눈썹、
채곡 내려 가즈리어
접으시올지.

《거미와 성좌》

각 시집 연대 미수록 시

《청록집》 시대

蟻 (의)

불볕 짜랑짜랑 내리쬐는 산기슭 황토에, 사흘 굶고 허리 졸라맨 벌레, 개미 떼가 산다.

일천 마리 한 겨레가 한 굴에 살아, 입아귀에 제각기 모래 알, 흙 알을 물고 연달아 굴을 드나든다. 드나들면 드나드는 대로 굴은 자꾸 깊어지고, 굴 밖 두던엔 덩그렇게 모래성이 점점 높아진다.

성 쌓고 굴 파 놓은 그들은 이어 蜿蜒(완연) 長陣(장진) 늘이고 풀섶으로 나뭇가지로 모두들 먹이를 찾아 나간다. 송충이, 풍뎅이, 비단벌레, 땅개비, 지렁이, 닥치는 대로 막 들이덤벼 물고 늘어진다. 물리면 끌고 굴속으로 들어간다. 산 놈은 산 채로 죽은 놈은 죽은 채로……

해돋이 이슬이 구슬같이 빛날 때부터 밤 되어 다시 이슬 내리기까지 營營(영영) 한 종일내, 그들은 삶을 쌓는다. 내일을 의혹 않는다.

굴 안엔 여왕, 날개 돋친 개미가 하얀 알을 오소소 낳아 놓고, 도글도글 굴리며 만지며, 어서 까서 새끼들이 나오기를 기다리고 앉았으리니라.

(1940. 1. 《문장》 추천시)

들국화

오
별이 내려앉았다

바람 울부짖고
폭우 몸부림치는 곳

쓸쓸하여
벌도 蝴蝶(호접)도 오지 않는
벌판에

홀짝 핀
한 포기 들국화 !

샛노오란 花心(화심)에
무궁화빛 꽃잎아리……

삽분! 꽃잎 우에

각 시집 연대
미수록 시

앉고 싶어……
호접 아닌데도

오오 외로이
고웁거라

수집은 꽃아.

(1940. 1. 《문장》 추천시)

나의 하늘은 푸른 대로 두시라

적으나 나의 하늘
적으나 나의 花園(화원)

나의 하늘을 보는 이는 나의 태양을 보시리다
나의 화원을 보는 이는 나의 장미를 보시리라

내가 안은 태양
내가 안은 장미……

나의 하늘은 푸른 대로 두시라
나의 화원은 붉은 대로 두시라

(1940. 9. 《문장》)

각 시집 연대
미수록 시

꽃구름 속에

꽃바람 꽃바람
마을마다 훈훈히
불어 오라

복사꽃 살구꽃
화안한 속에
구름처럼 꽃구름 꽃구름
화안한 속에

꽃가루 흩뿌리어
마을마다 진한
꽃향기 풍기여라

치위와 주림에 시달리어
한겨우내 — 움치고 떨며
살어 나온 사람들……

서러운 얘기
서러운 얘기
다아
까맣게 잇고

꽃향에 꽃향에

취하여
아득하니 꽃구름 속에
쓸어지게 하여라
나비처럼
쓸어지게 하여라

(1941. 5. 《문장》 폐간호)

각 시집 연대
미수록 시

연륜

— 蘇香(소향) 형에게 —

소나무와、 갈나무와、
사시나무와 함께 나는 산다·

억새와、 칡덤불과、
가시 사이에 서서、

머언 떠나가는、
구름을 손짓하며、

뜻 없는 휘휘로운、
바람에 불리우며、

雨露(우로)와 霜雪(상설)에도
그대로 헐벗고、

蒼穹(창궁)과 일월과 다만
머언 그 星辰(성신)들을 우러르
나는 자랐다·

봄 가고、
가을 가는 동안、
뻐꾹새며 꾀꼬리며、
접동새도 와서 울고、

다람쥐며 산토끼며,
사슴도 와 놀고 하나,
아츰에 뛰놀든 어린 사슴이
저녁에 이리에게 무찔림도 보곤 한다.

때로—
樵夫 (초부) 의 날선 낫이,
내 애끼는 가지를
찍어 가고,

푸른 도끼ㅅ날이
내 옆에ㅅ나무에 와 번뜩이나,
내가 이 땅에 뿌리를 박고,
하늘을 바라보며 서있는 날까지는,
내 스스로 더욱
빛내야 할 나의 世紀 (세기) ……

푸른 가지는,

각 시집 연대
미수록 시

위로 더욱 하늘을 바뜰어
올라가고、

돌사닥 사이를 뿌리는、
깊이 地心(지심)으로 지심으로
뻗으며、

언제나 티어질
그 찬란한 크낙한 아츰을 위하여

일월을 우러러、
성신을 우러러、

다만 여기 한、
이름 없는 산기슭에、
퍼지는 파문처럼、
작고 내 고은
연륜은 늘어 간다.

폭포 앞에서

햇볕 화안하고 흰 산배꽃 흩날리고 이 산 저 산 뻐꾹새들 울음 우는 한낮 하위대며 산길을 올르든 나는 고만 기진하여 바위 위에 내던지듯 앉았다. 문득 어디선지 머얼리 우루루루 걸어오듯 들려오는 은은한 폭포소리…… 나는 반가워 새숨 돌린 듯 생기를 얻고 이내 다시 놀란 듯 일어섰다.

길도 없는 곳 붉은 躑躅(척촉) 꽃과 진달래와 흰 싸리꽃들이 피어있고 얼기설기 바위 엉서리에 얽힌 푸덩쿨이며 이름 모를 잡목들이 다옥한 산숲을, 나는 목마르듯 헤치며 우루루루 들려오는 폭포를 찾어 헤매였다.

폭포는 있었다. 아모 아모두 없는 곳에 나의 폭포는 있었다. 하늘에서 흰 구름이 금시에 허트러져 쏟히는 물줄기…… 아모도 아모도 없는 곳에 나의 폭포는 있었다.

폭포여!

너는 흐느껴 운다.

각 시집 연대
미수록 시

너는 몸부림친다.
너는 탄식한다.
너는 절망한다.
너는 自嘲(자조) 한다.
너에게는 허무! 너에게는 허무가 있다.
너는 슬프다.
너는 나의 사람 그 잃어버린 나의 사람을 데려온다. 어디쯤 서서 홀로 울고 섰을 잃어버린 그 나의 사람을 데려온다.
너는 노래한다.
너는 노래한다.
너에게는 피리 소리 천년을 불어오는 그 피릿소리가 있다.
너에게는 베에토벤 너에게는 베에토벤이 있다.
너에게는 雅樂(아악) 너에게는 아악이 있다.
너는 나를 안어 간다.
너는 나를 잠들이려 한다.
너는 나를 이끌어 머언 머언 젖과 꿀의 나라로……
밝고 환한 그 젖과 꿀의 나라로 인도한다. 오오 나의 베아트리체는 나의 베아트리체는……
폭포여!
너는 나를 다시 일깨운다. 일깨워 나를 다시

오롯이 도사리게 한다.

너는 나에게 긴 〈역사〉를 일러준다. 만년을 억만년을 흘러 온 인류의 기인 〈역사〉를 일러 준다.

너는 나에게 〈영원〉을 보여준다. 나의 타고 앉은 〈영원〉을 보여준다.

너는 나에게 울음을 들려준다. 지금 이 땅 위에 소리 없이 흐느끼는 울음, 은은히 번져오는 울음을 들려준다.

너는 나를 懦夫(나부)라 한다.

너는 날더러 결단하라 한다.

너는 말하여 도도히 말하여 작고 나를 설복한다……

즐거히 우짖든 새들도 다 날러가고 햇볕 임이 기우른 곳 흰 산배꽃 흩날리는 산골짜기에

너는 작고 몸부림친다.

너는 작고 운다.

너는 작고 흘러간다.

너는 너와 마주 섰다……

(1943)

각 시집 연대
미수록 시

龍馬石 (용마석)

짙어가는 산장의 밤, 총총총 검푸른 하늘에 작고 별들이 켜든다. 아직도 녹지 않아 히끗거리는 눈 우를 스쳐오는 산바람이 차다. 살살살 골물에 잠그고 낯과 발을 씻기에 나는 덜덜덜 떨었다.

얼골이 흰 수수한 산색시가 나의 방에 조심스레 람포불을 켜주고 나간다. 활활활 통나무 장작 짚이었다는 방이 훈훈 더웁다. 몸이 노곤하다.

첩첩한 산속 그 머언 골과 봉우리 갓븐 숨 돌니며 하위 하위 거러온 길이 아득하다.

람포불을 끄라, 별을 바라보고 싶기에 별을 바라보기 위하야 나는 불을 껐다. 창을 열면 마주 보이는 하늘 더욱 총총한 빛나는 별들이어. 밤새가 운다. 물소리가 가까워 온다.

밤이 작고 깊는다.

잠도 오지 않고 시름 더욱 놓이지 않거니 이런 밤은 차라리 푸르고 화안한 보름 달밤이기나 하여라.

낮과 낮、오늘과 내일을 연하는 이 한밤 나의 시름 달래여 아무도 나를 공이 잠들일 사람은 없거니 작고 깊는 산과 밤 속에 나는 스스로 달래며 이대로 혼곤히

잠이 들기만 기다린다.

(1941. 4 金剛詩抄 (금강시초) 2)

각 시집 연대
미수록 시

陽峽 (양협)

白樺 (백화) 숲이
하얗다
하늘이
파랗다
훌훌훌
구름이 넘어간다
호—ㄹ 호료료
산새가 운다
쌀쌀쌀 새삼스런
물소리……
산이 젖는다
귀가 젖는다
햇볕이 따시다
바람도 없다
작고 나는

산에서 살고 싶다
나무가 되고 싶다

한 그루
백화가 되어

새소리 물소리
바람소리 들으며

햇볕 입고 이대로 오래
고스란히 서서
견디고 싶다

아— 무도
나를
부르지 말라

아— 무도 나를
부르지 말라.

(1941、4 皆骨素描(개골소묘))

각 시집 연대
미수록 시

산과 산들을 일으키며

상하여 엎드린 나는 한 마리 범이로다

간악한 二足獸(이족수)의 불 끝에 접질리어
나는 불의의 치욕을 당하였도다

흰 눈 위에 뿌리어진
淋漓(임리)한 나의 여러 조상의 핏방울을
나의 조상을 무찔른
나는 그 원수들을 아노라

날뛰는 나의 이 핏줄기는
날뛰는 나의 그 조상의 핏줄기라

귀를 기울여 산등에 들으면
산등은 은은히
나의 귓속에 우는도다

이제 나는 달리리라
산과 산들을 주름잡고
산과 산들을 일으키며
나는 내달어
번개와 같이 달리리라

죽엄을 걸고 달려들어
나는 그 원수
원수마다의
살멱을 흔들니라

일히와 여우들
오소리와 살쾡이들도
나의 앞에
모조리 잡어 꿀니리라……

달이 넘어간다
산이 어둡는다
바람이 인다
나무들이 휩쓸닌다
별들이 떤다……

원수여!

(1941、8、21)

배암

까치독사
늦여름 한낮
돌사닥 갈포데기 밑에 도사리고 앉은
까치독사、

무서운 간악을 꾸미고 있도다.
이렇게 맑은 날
갈포데기 밑에서
배암은
毒牙(독아) 와 毒汁(독즙) 을 마련하고 있도다
능금 아닌
빨간 입술 같은
산딸기를 꾸미도다

저놈! 머리를 들고
잘룩한 목아지를 들고
나를 노리고
쫓아오지 않나
깜으라!
픽켈을 들어 나는
아직끈 내려 치다

독사의 머리를 지졌다
두세 번
거퍼 지졌다

구비쳐 트는 징그런 몸둥아리
얼룩얼룩 검부우연 몸둥아리
바늘 같은 살이 백였다는
새까만 꼬리를
독사야 너는
바르르 떠는도다·

흰 돌우에 번지는
淋漓(임리) 한 유혈!
너도 새빨간 새빨간
피를 갖었구나

사탄의 후예
사탄의 후예여
나는
아담의 후예로다

각 시집 연대
미수록 시

너의 살점은
왜가리나
산까치가 와
파먹어라

사탄을
죽이고

느러진 사탄을
白日 (백일) 아래
내버리고

벗과 나는
돌사닥을 오르며
揚揚 (양양) 히 다시 하늘로
휘파람을 날리다.

(1941、9、22)

기도

당신의 옷깃을 만지게 하십시오
내 마음 어디가 상하였습니까

당신은 왜 그리 멀리만 계십니까
당신은 왜 내게 默(묵) 하십니까
당신은 왜 나를 안 보십니까
당신은 왜 나를 버리십니까
내가 갖인 사랑을 끊게 하여 주십시오
내가 나를 버리게 해 주십시오
이 세상을 미워함을 말게 하여 주십시오
이 세상을 사랑함을 말게 하여 주십시오

(1942、9、22)

각 시집 연대
미수록 시

異鄕 (이향)

삽사리 내달아
나릇 거슬리어 짖고

웃옷도 아니 걸친 아이들
웅기중기 나를
머언 異國 (이국) 사람인 양 보는도다

어딘들 푸르게 안 틔었으료
하늘도 햇볕도 안기는 듯
다정하나

살빛도 세월도 다아 한 가지
나와 한 마을에 사는 이들
길에서 마주쳐도 오히려 씀씀히
서로 아른체도 없이 갈리는도다

타는 듯 동산의 단풍도 저버리고
겨울 와서
이어 어름 우에
눈보라가 치고 하면

문 닫히고 앉어 떨며 나는
그 두고 온 머언 나의

따스한 고장을 그릴지나

어딘들 나의 하늘이 아니리오
우러르면 빛나는 그 나의
별의 화원도
보이리니

겨울 가고 이 마을에
다시 붉게
살구며 복사꽃이 피여나면

꿀벌 새로
닝닝대고

집집마다
웃음소리
새로 솟고

삽사리도 꼬리쳐
나를 반기며 따르리니

각 시집 연대
미수록 시

가을을 벗 삼어
봄을 벗 삼어
산읫 바람에
산읫 샘물에
내 오오래
이 마을
고향 삼어 살리라.

(1942、12、17)

綠陰詩抄 (녹음시초) · 1

익갈나무 푸른 잎새
하늘거리고

꽃봉오리 티어
갸옷 갸옷 내다보는 躑躅(척촉) 꽃

산울림 머얼리
되돌아 오고

양 같은, 산 우의
송이구름 떼

고향도 오히려
그립지 않어

햇볕 포근한 바위 우에
나는 新約(신약)을 편다.

(1943)

각 시집 연대
미수록 시

녹음시초 · 2

회회 도는 산길
훈훈한 훈훈한 바람은 불고、
오월 볕 홧홧 달른 숨에
땀이 흐른다.

躑躅(척촉) 도 피고、
싸리도 피고、
졸졸졸 돌돌돌
맑은 물소리

호—ㄹ 호료료
산새가 울면、
호—ㄹ 호료료
흉내를 낸다.

사슴 된 듯 입으로
푸른 잎도 따먹으며
나는 바다를 바라보러 올라간다.
바다가 보이는 봉우리로

(1943)

녹음시초 · 3
― 午睡 (오수)

흐르는 물소리는
산의 자장가

풀 방석 微風(미풍)은
내 요람

장미꽃 무지개를
오르내리며,

나비 잡는 나비 잡는
꿈을 꾸었다.

잠들은 내 귀엔
어느 새가 울고 갔나

산 우엔 둥둥
구름만 간다.

(1943)

녹음시초 · 4
— 꿩

양지짝 산기슭을
살살살 긴다.

다박솔 밑 폭은한 자리에
보금자릴 치고,

까투리랑 아기자기
사랑을 경영하며,

매와 배암을 살펴,
산다랑이 밀밭 골에 알을 까 길러내고,

장닭을 비웃으며,
인류에게 도야된

괴—ㄱ 꾀—ㄱ 푸르릉
푸른 골골을 날르며 사는,

속된 봉황
— 꿩!

(1943)

《해》 시대

霜朝 (상조)

숲으로 가는 길
산으로 가는 길로 내가 간다.
냉이꽃이랑 피고,
언제는 푸르던 기름진 잔디길을,
눈같이 하이얀 서리길을 간다.

새파란 하늘.
얼음같이 얼은
새파란 하늘 아래
나의 가는 들, 나의 가는 숲, 나의 가는 산이,
오늘이사 모두 상그란 서리꽃,
눈같이 하이얀 상그란 서리꽃.

산이여.
서리꽃 보오얀 산이여.
숲 너머,
숲 너머 산 뒤로 맑게 솟는 해의 얼굴.
싸늘한 바람결에
씻어가는 바람결에
숲 너머 도는 해는 따습지도 않어……

숲.
서리꽃 하아얀

내가 가는 숲.
나무들이 칩어라.
나도 작고 칩어라.
서리 핀 덤불 사이, 그래도,
푸드득 한 쌍 자다 깨는 뫼치래기……
휘영 휘영 서리 위에 나의 그림자.
아침 그림자.
나무 그림자.

꽃이여.
새빨간 꽃이여.
5월쯤, 4월쯤, 따뜻한 어느 날
여기 숲, 여기 산에
푸릇 푸릇 나뭇잎 새로 돋고,
하늘대는 잎새 틈에, 피어날
그리운,
핏빛 동백, 핏빛 두견, 핏빛 철쭉,
핏빛 복숭아 꽃이여.

각 시집 연대
미수록 시

마을

거기 오오래
하늘과 햇살과 바람이 빛나는 곳
밤마다 타는 별과
보름마다면 둥글어오는 달빛이 지나가고、

뭇 솟아오른 푸른 봉우리와
뻗어나간 싱싱한 산맥과 산맥 사이
흐르는 강을 끼고
즐펀이 기름진 산야가 깔린 곳、

아득한 조상들과
오랑캐와 짐승들의 뼈다귀가
깨어진 기왓장과 술단지와
피묻은 화살 촉 칼자루가 묻히인 채、
짐승은 짐승들의 인간은 인간들의
자손이 자손들이 살아오는 곳、

봄마다 복사꽃이 피었다 지고、
봄마다 살구꽃이 피었다 지고
가을이면 금빛 바람에

무르닉은 오곡이 물결치는
잘 익은 능금과 포도송이와
가지마다 주저리져
붉게 익은 반시며 월아가 흔들리는 곳,
정월엔 보름 오월엔 단오 팔월엔 한가위
대목이면 왁자지껄 흥성대는 장꾼들과
아버지와 어머니와 아들과 딸과
고개 하나 너머마다 도란대는 마을들、
아、여기 이 따사로운
하늘 맑은 땅 위에는
때를 따라
바다에서 또 산을 넘어
白晝 (백주) 에 또 어둔 밤에
향기로운 密桃 (밀도) 와 기름진 오곡과
푸른 산맥과 산맥 속에 빛나는
금과 은과 구리쇠를 탐하여、
밤 빛 산맥 속에

각 시집 연대
미수록 시

은하같이 깔려 있는 금과 은을 탐하여,

― 賊(적)은 짐승 같은
아, 떼도적은 오는도다·

총칼과 쇠사슬과 불심지를 손에 들고
바다에서 또 산을 넘어
아, 저 이리 같은
떼도적은 오는도다·

(1947, 《漢城日報(한성일보)》)

바람

다박솔과 아그배와
노간주나무를
흔들어보고

붉덕산과 가시덤불과
잔디밭을
쥐어 뜯고

양지쪽에 이르러
양지쪽을 향락하는
너구리와
암노루와
비둘기를 훼방짓고

산모롱으로 외딴집으로
모랫번던 개천뚝 논바닥으로
싹트는 보리밭 밀밭을 지나

각 시집 연대
미수록 시

마늘밭 뒤엄자리
돼지우릴 단겨서
우리집 담을 넘어
안마당에 들어와
빙빙빙 가랑잎을 휩쓸어 안고
닐닐닐 늬나이나
팽이춤을 추는 넌

진달래도 살구꽃도
안 피었는데
너 혼자 마음 달뜬
이월 바람아.

(1947、4 《民衆日報(민중일보)》)

《午禱(오도)》 시대

바다와 淑(숙)

淑(숙)이가 저렇게 바다를 안고 섰다. 숙이가 저렇게 바다를 앓는다. 누구가 토했는가 쟁반 같은 푸른 달. 숙이의 가슴에도 달이 하나 떠 있다. 파도결이 기어 올라 달을 씻는다. 씨워오는 푸른 물을 달이 작고 벗는다. 안아 봐도 부디쳐도 바다는 말이 없고, 홀로 뜬 달을 안고 숙이 작고 서럽는다. 글성대는 푸른 달을 심장처럼 앓는다. 뒤착이는 바다를 가슴처럼 앓는다.

바다가 저렇게 숙이를 안고 간다. 바다가 저렇게 또 숙이에게 흐느낀다. 뿌려오는 푸른 밤 동양 같은 달빛 흐름. 숙이 품은 푸른 달은 어딜 향해 지는가. 숙을 안고 바다는 어느 밤을 넘는가. 달도 가고 밤도 가고 바다도 함께 가면、달이 가서 닿는 곳에 바다도 가 닿는다. 먼 어느 언덕까지 달도 밤도 닿으면 먼 어느 언덕에서 숙이 달을 삼킨다. 밤이 바달 삼킨다. 새로 오는 애띈 빛이 밤을 삼킨다. 초록 바다 모랫가에 숙이 다시 서서 운다.

바다와 황소

황소가 뛴다. 나도 쫓아 뛰어간다. 끌려가는 고삐를 잡을 수가 없다. 우움메 머리를 추켜 들고 크다랗게 운다. 바다가 파아랗게 보이면서 있다.

고삐를 놓아둔 채 소를 뜯기다가 나는 철죽이랑 이우는 어스름 산기슭에 잠이 들어 있었다. 어렴풋이 잠을 깨어 둘러보았을 때는 황소는 골자구니 저만치서 풀을 먹고 있었다. 방울을 절렁대며 새로 푸른 풀잎들을 뜯어 먹고 있었다.

기슭을 내려 서서 골짜기로 내가 가자 황소는 슬금슬금 나를 피해 달아나는 것이 아닌가. 워, 워, 달래봐도 들은 체도 하지 않고, 풀밭을 벗어나선 설렁설렁 바다로 가는 길로 뛰어가는 것이었다. 골자구닐 벗어나면 바다는 있었다.

황소가 작고 뛴다. 나도 따라 작고 뛴다. 내가 빨리 뛰면 황소도 빨리 뛰고, 내가 좀 늦춰 뛰면 황소도 늦춰 뛴다. 황소와 나는 이제 호흡까지 맞는다. 고삐가 잡혀져도 잡고 싶지 않다. 절렁절렁

각 시집 연대
미수록 시

절렁절렁 소방울이 운다.

바다는 부풀면서 오고 있었다. 바다는 우쉬대며 오고 있었다. 바다가 가까웁자 황소가 소릴 친다. 겅정겅정 네 굽까지 놓는다. 꼬리를 추슨다. 나도 더욱 따라 뛴다. 허릿매를 추킨다. 땀이 작고 흐른다. 숨이 차차 달어온다.

풀밭도 골짜기도 오양깐도 버리고, 황소는 날처럼 바다만이 그립다. 고삐도 코뚜레도 편자도 없이 살던, 먼 조상들의 시절을 아득히도 잊은 채, 황소는 어미처럼 바닷벌이 그립다. 그리운 바닷벌을 어미처럼 부른다. 코뚜레도 고삐도 있는 줄을 모른다.

크다란 눈망울에 바다가 어려든다. 크다란 콧구멍에 바닷내가 스며온다. 크다란 두 눈에는 푸른 눈에는 글성글성 눈물이 어린지도 모른다. 우움메 — 울면서 뛴다. 바다를 흘겨보며 소릴 치며 뛴다.

— 소야. 황소야. 아아 황소야. 뿔을 숙여 받어보아라. 뛰어들어 바닷벌을 달려보아라. 나도 좇아 뛰어갈게 달려 보아라. ……
노을이 붉게 탄다.
바다가 울울 손을 들고 온다.
어스름 바닷가를 소와 내가 뛰어간다.
바다와 바람결이 거칠면서 온다. ……

말에게

나무 풀 마르고
샘물 갈해버린
여기 딱딱한 벌판에 와 서면
말아 너는
따사운 볕살 아래
푸른 벌을 흐르는
長江(장강)이 그리운가

별빛 반짝이는
먼 어느 하늘 구비
푸른 굽 굽뒤마다 꽃구름을 날리며
은하에서 은하로
날아 뛰던 너의 옛날
그렇게 자랑업던 옛날이 그리워도

말아 여기는 슬픈 땅
꽃들 다 떨리우고

각 시집 연대
미수록 시

망아지 어밀 잃고
돌들도 업드러져 목 놓아 우는 고장
볼이랑 맞비비며
너는 나와
눈물과 피로 어린 강벌을 가자

길다란 너의 목
목에 걸어 치레해줄 꽃둘레는 없어도
강을 딸아 내려가면 둘이서 가면
금빛 새가 다시 와서 네 등에 우짖는 날
은 벌에 새로 살아 푸른 싹은 트고
업더 울던 돌도 일어 노랠 하리라.

(1954)

어느 구릉에서

홍시처럼 익어버린 붉은 태양이 언종일 피어오른, 목화처럼 피어오른 구름송이에, 갑자기 활활 올라 붙는다. 목화처럼 피어오른 구름송이에뿐 아니라, 그 뒤에 튀어 있는 아득한 궁륭, 새파란 하늘에마저 활활 불이 붙는다.

그러면 저렇게 서녘으로 빠져버린 붉은 태양은, 장미처럼 곱게 타는 뒷꽁무닐 빛내면서 다시 또, 먼 가슴을 열고 있는, 어느 바달 끓여 올려 드설레려 하는 것일까. 한 포기 지칭개꽃도 볼 수 없는 메마른 언덕에서 나는 갑자기 바다가 그립다.

그런데 무엇인가 그렇게 곱게 타던 구름도 저버리고, 장미처럼 타오르던 후광마저 가버리고 어느 결에 내 주위엔 새까맣게 휩싸오는 밤뿐만이 아닌가.

각 시집 연대
미수록 시

제대로만 달아나는 눈이 푸른 내 한 필 사념의 말을 달리기에 나는 어쩌면 혼자서 조용히 소년처럼 感傷(감상)도 할 황혼마저 잃었다.

어디서 저건 또 상여 소리가 아닌가. 너무도 긴 행렬의 상여 소리가 아닌가.

이렇게 밤보다는 이왕이면 꽃상여는 햇살이 활짝 퍼진 아침나절에 가라.

어느 곁에 지금 나는 별을 헤고 서 있다. 목아지가 모자라도록 목아지를 쳐들고, 하나 하고 백, …백 하고만 … 그리고 또 온통 내가 아는 별 이름을,

토성 … 금성 … 수성 … 목성 … 화성 …
천왕성 … 해왕성 … 명왕성 … 견우성 …
직녀성 … 북극성 … 십자성 … 이런 것들을 자꾸만 외우는 대로 헤어간다. 이런 밤에 이렇게 푸른 한줄기 강물도 없는 언덕에 서서, 그냥 먼 위로만 바라보고 찬란하고 무수한 별과 별들을 헤이는 것은, 그것은 내게 있어 얼마나 거윽하고 장엄스런 멋인가.

주머니 속을 뒤져본다. 불붙이라곤 없다. 활활활 타오르던 아까 그 해질 무렵의 구름노을처럼 나는 지금 새카만 이 밤에다 대고 그럴듯하게 나의 불심지를 하나 생각해 본 것이다. 활활활 고읍게 오를 밤이 타는 꽃심지 … 갑자기 피어오른 소년 같은 꿈자락이 어이없이 물거품처럼 꺼져버린다.

그러면 여기는 아직도 더 밤 …

홍시처럼 발갛게 익어가던 것, 서녘으로 빠진 해는 어찌 됐는가… 오만 백… 백만 열… 나는 자꾸 하나하나 별을 헤어 먹어버린다. 뻑、뻑、꾸욱… 뻑꾹새가 꿀벌을 먹듯, 한 개 한 개 따내려가며 먹어버린다. 참꽃 먹듯 별을 헤며 먹어버린다.

(1953)

각 시집 연대
미수록 시

별을 지고

가시길 가리. 가시길 다시 혼자 만 백리 가리.
피가 흐르리. 손에 발에 뚝 뚝 피가 흐르리.

가시길 다 가면 꽃이 피었으리. 꼭 한 번 보고
싶던 눈이 부신 꽃, 한 아름 부여안고 두 볼을
비벼, 막 내가 울어 이깔 꽃이 피었으리.

새가 울으리. 먼 그 날 그려 울다 다시 살은 넋,
은방울 호롱 호롱 새가 울으리. 어깨로 날며 돌며
눈물 뿌리리.

가다가 넘어지면 쉬어서 가리. 달이 뜨면 달과
가리. 해가 뜨면 해와 가리. 별 밝은 한낮에도
짐승이 울어, 날 따라 뒤에 오며 짐승이 울어……

눈물 피 떨어지면 꽃이 되어 피리. 눈물
떨어져선 하늘 빛 도라지 꽃, 핏방울이 떨어져선
샛빨안 아기 장미……

나는 가리. 혼자서 가리. 가시 꽃 따서 엮어
머리에 쓰고, 백화목 가지 꺾어 지팽이 짚고,
가슴엔 늬가 새긴 아픈 상채기……누가 날 울던
마던 가시길 가리.

(1953)

《거미와 성좌》 시대

푸르름을 마신다

오월. 숲. 여기는 양지. …… 아그배며, 뽀르수, 산밤, 자작이랑, 야들야들 푸른 잎이 나홀대는 곳, 나는, 풀잎 새롭 보드라운, 아무데나 자릴 하고 누어 버린다.

하늘. 아, 저렇게도 짙은 푸름. …… 무엇에 사못쳐서 서려 올랐기 저렇듯 여릿여릿 짙푸르렀나?

햇살은 퍼져내려 따끈한 금빛. 이마며 뺨, 목이며 손등들을, 따깝도록 간지르며 쬐여내린다. 살근살근 햇발들이 터럭 밑을 핥는다. 눈을 꼬옥 감으면 ㅡ, 먼 어릴적 그때처럼 아, 보랏빛, 보랏빛, 보랏빛 다른 하늘. 사물 사물 어려 오는 보랏빛 다른 하늘.

산뜻 한번 어디선가 바람이 온다. 하늘대는 잎잎들. 잎잎들의 바닷속ㅡ 고요가 온다…… 찟! 찌우…… 찌이 위르 배르 윗! 산새 하나 울고 가곤 고요가 온다. 봉ㅡ 부, 르, 르, 르…… 이제사 갓 나온 놈, 벌이 하나 날고 가곤 고요가 온다.

아, 벗이여. 그러나 여기 이 남향받이 양지쪽,

여기서 저만치쯤 바다나 철석이면, 장차 내가 죽는 것, 흙에 내려 묻힐 것이 서러웁진 않아라. 사뭇쳐서 사뭇쳐서 푸르러만 진, 숨결이사 피어 올라 위으로 가고, 백골이야 남아서 흙이 되어 있고 없고, 해마다 한 번씩은 이러한 오월, 하늘과 햇볕살과 푸른 잎 잎들에게, 따사로이 안길 것이 서러웁진 않아라.

먼 하늘 푸르름이 나를 와서 적신다. 잎새들의 푸르름에 내가 젖는다. 내 이 망막, 내 이 심장, 폐, 혈관, 숨결 속을, 푸르게 푸르르게 물들여 간다. 아, 오월은 푸른 달, 나는 여기 철석이는 푸른 먼 바닷소릴 그리며, 오월을 푸르름을 햇볕살을 마신다. 하늘을 바람결을 엽록소를 마신다. ……찟! 찟! 찌우 …… 찌이 위르 배르 윗! 머리맡 가지 위에 아까 왔던 고놈, 고놈이 다시 와서 수작을 건다.

(1955, 5)

愚禱 (우도)

1

한 번만 옷자락을 만져보게 하소서.

보일 듯 멀리의 당신의 옷자락을
헐덕이며 헐덕이며 가차히 따랐을 땐
이미 당신은,
큰 바다 저만치쯤
더 멀리 아득하고,

기진하여 빈 들에
스스로의 핏자죽에 외로히 주저앉아
붉은 땅을 쥐어뜯어 눈물도 말랐을 땐
오、부드러우신
어느결에 닥아오신 당신의 그 음성이
뜨거이 나의 안에 불이 되어 탑니다.

2

한 번만 그 문을 열어보여 주소서.

두들기던 흰 주먹 피에 젖어 붉고、
가슴을 메로 하여 부딪치어도
오、당신은 이미
헤매는 상처 입은 다른 양을 위하여

어디메쯤 총총히 떠나시고 없어
돌같이 굳은 문
굳이 닫힌 돌문은 열려지지 않고

그 어둠 속에 가라앉아 죽음처럼 잠잘 때
어느 때쯤 당신은 오셨었는지
얼마쯤을 나의 문을 두드렸는지
오, 깊은 속에 잠들어 오신 줄을 몰랐던
인제는 녹이 쓸은 나의 문은 무쇠문
스스로도 열을 길을 잃었습니다.
한 번만 당신께서 열어보여 주소서.

(1958, 5 〈기독교사상〉)

각 시집 연대
미수록 시

어머님에의 헌시
― 나이가 들어서 하는

오래 잊어버렸던 이의 이름처럼
나는 어머니 어머니라고 불러보네.

어머니 어머니 하고 불러보면
나는 먼 옛날 어렸을 때의 어린아이로 되돌아가
그리고 눈물이 흐르네.
내가 이 세상에서 처음 입을 뗄 때
부르던 첫말
그 엄마 지금은 안 계시고
이만큼이나 나이가 들어서야
어머니 어머니라는 이름의
뜻의 깊이를 아네.

애띠고 예뻐셨던
꽃답고 아름다우셨을 때의
어머니보다는
내가 빨던 젖이
빈 자루처럼 찌부러지고
이마에는 주름살
머리터럭 눈같이 희던 때의
가난하고 슬프신
그 모습 더 깊이 가슴에 박혀
지금도 귀에 젖어

음성 쟁쟁하네.

지금 이렇게 나 혼자 외로울 때
나 혼자 이리 괴로울 때
마음 이리 찢어지고
불에 타듯 지질릴 때,

그 어머님 지금
내 곁에 계시다면
얼마나 힘이 될까
얼마나 위로가 될까
얼마나 조용조용 드리고 싶은 말씀이 많을까.

어머니 어머니
오래 오래 잊어버렸던 이의 이름처럼
지금은 이미 없는
머나먼 이름
뜨거운 이름
눈물의 이름
사랑의 희생의 영원의 이름
이제사 그 어머니

각 시집 연대
미수록 시

어머니라는 부름의 뜻을 알겠네.
어머니라는 이름
뜨거운 눈물의 이름을 알겠네.

(1959, 5, 8)

深淵頌 (심연송)

굴러서 떨어지리.
무너져 동그라져 굴러서 떨어지리.
아슬히 높은 하늘 푸른 꼭지서
무한 심연 밑바닥 어둠 속으로

영겁을 굴러내려 무너져 가리.
나 혼자 일직으로 떨어져 가리.

그때 하늘에는 억만 별이 휩쓸리고
일체의 빛살들이 어둠 속에 죽으리.

바위·바위·가슴 속 일체의 빛살들도 죽으리.
마지막 빛살들이 가슴 속에 불타리.

일체의 고독, 일체의 절망, 일체의 분노,
일체의 허무,

각 시집 연대
미수록 시

일체의 절규들이 끊어 엉기리·엉겨 불타리·
가슴 속 불길들이 뿜겨 솟으리· 푸득 푸득
푸득이는 비둘기로 뿜기리·
비둘기 핏비둘기、핏비둘기 비둘기、눈이 멀은
귀가 멀은 핏비둘기 비둘기……

독수리로 뿜기리…… 찢어져 절규하는 독수리로
뿜기리.
어둠에 푸득이는 독수리로 뿜기리· 독수리
불독수리、불독수리 독수리……

일체의 있는 것이 없음으로 돌아가리· 일체의
없음에서 있음은 비롯하리·
죽음의 열매들이 생명으로 싹트리· 초록으로
싹트리·

죽음마저 소멸하는 무한 밑바닥、보랏빛 새
안개가 피어오르는
새 생명 첫 바닥에 피흘려 보리· 그 바닥 심연에서
솟아나 보리·

(1959)

학

오래 혼자서 슬픔을 감아 올린
외로운 왕자처럼 길다란 목아지야

침묵은 쪼아먹는 스스로의 씨앗
까맣고 구슬픈 길다란 주둥부리……

孤高(고고)가 곧고 푸른 댓줄기로 일어서면
땅의 汚辱(오욕)을 저어하여 차라리 너는
외발로만 섰는고나·

깃…… 깃쭉지…… 쌧하얀…… 나래쭉지
타오르는 순백한 정한 혼이 형상된,

푸득푸득 깃쭉지론 타는 놀을 갈자·
커다랗게 춤을 추자· 너의 넋을 흔들자·

탐스러운 꽁지깃은

각 시집 연대
미수록 시

파초처럼 펴자.

아, 그리고 피맺히자、 장미처럼 샛빨갛이
심장과 무지개와 꽃수실의 精(정)을 뿜어、
동그랗게 정수리엔 꽃자죽을 찍자.
정수리엔 샛빨갛게 핏자죽을 찍자.

피로 모둔 나의 별. 너의 혼의 心壁(심벽)에
맞받아 부딪치면 분수처럼 솟도록、
피의 진한 꽃자죽은
정수리에 찍자.

바닷가—기슴에 바야흐로 어둠은 내려오고
파도는 저다지도 설레 오는데…… 설레 오는데

(1959、8)

고향에 부치는 편지
— 어릴 때 자라던 마을의 運福(운복)에게

秋耕(추경)은 다 쳤소?

그 마을 앞 웅덩백이

三倍出(삼배출)자리 구렛논은 자네가 그저 부치겠지?

그 동안

새집도 짓고, 큰 소도 세우고,

이제는 한 오십 석 하오?

나도 이젠 제법 몇 개씩 흰 머리칼이 벌써 비치는데

자넨 그새 새며느리도 보았겠소·

새며느리가 예쁘오?

고향을 내가 떠나오던

우리 서로 헤어진 지가 벌써 2、7、8년이 되었구료.

그때 같이 놀던 「재돌이」、「수억이」、「길영이」、「석복이」랑 다 잘들 사오?

각 시집 연대
미수록 시

「뱁새눈」이니 「늑대」니 「먹보」니 「점백이」니 하던 별명을 가진 그때의 노인들은 그동안 다들 저세상사람이 되었겠지.

6·25 때 끌리워 갔다던 그 「재산」네 식구들은 다 어떻게 됐소?

이맘때 겨울밤이면 싸리삽작이 쩔렁 하고 차시루떡이 서로 돌고, 이슥해서 헤어질 때면 달도 퍽은 밝았었지.

지금도 그렇게 잘들 모이오?

참, 「순이」는 시집가서 이내 죽었단 말을 들었지만.

「옥이」는 (자네가 퍽도 좋아하던) 그 뒤에 어디로 시집갔소?

요새도들 모이면 화투를 치오?

좀 있다 첫 정월 한철은 윷들도 푸지겐 놀겠지. 윷들을 놀다 돌아들 갈 때는 기러기떼도 울겠지.

그놈들 마을 앞 논벌에 와 울던

딱딱 꾸루루우 …… 끼이룩 끼르룩, 딱딱딱 꾸루루우 …… 두루미떼들도 울겠지.

그리고

지금도들 모이면 내 얘길 더러 하오?

그 옛날, 그때가 바로 어제인데,

나는 공연히 객지로 나와 한 일이라곤 아무것도 없이 벌써 머리털만 이렇게 희뜩이는구려.

자네들도 이제는 마을에서는 제법 점잖은 축에

들겠군.
뜨뜻한 방에 불이나 훨훨 지피고
푹은한 눈겨울의 시골맛도 좋겠지만
좀 있다 설밑쯤 해서 서울에 한번 안 오겠소?
이런저런 옛 얘기도 나눌 겸
부디 한번 오구료.

(1960, 1)

오월 · 모국 · 하늘 · 숲

언제 처음 파랗게 열렸는가 하늘이어!
저렇게 맑고 높은 푸르름이 내려 보는……
언제 처음 눈부시게 비췄는가 태양이어!
저렇게 화사한 금별살 뿌려 오는……
언제 처음 훈훈히 일었는가 바람이어!
저렇게 산드럽게 바람결 품을 부는……
언제 처음 푸른 잎 돋쳤는가 나무여!
저렇게 야드르르한 신록잎 하늘대는……
좋구나 아 우리들의 오월은 우리들의 모국
우리들의 모국은 하늘 아래 하나다
숲에서는 으릉대며 양의 떼를 피흘리는
이리여! 두 눈은 충혈이 된 이리떼여!
이 숲에서는 우리는 너희를 몰아내자·
우리들의 이 숲에선 너희들은 소탕하자
양의 털 거짓 쓰고 양의 떼를 노략하는
잇빨과 아랫턱과 발톱들의 피비린내

아 옛날의 옛날부터 푸른 잎 야들대는
옛날의 옛날부터 바람결 산드러운
옛날의 옛날부터 햇볕살 눈이 부신
옛날의 옛날부터 하늘빛 파르래 온
우리들의 모국의 푸른 꿈을 위하여
우리들의 푸른 숲의 양의 떼를 위하여
이리를 우리들은 이 숲에서 몰아내자
이리를 우리들은 이 숲에서 소탕하자.

(1961, 5)

각 시집 연대
미수록 시

아침에 피는 꽃

어느 나라의 조용한 꿈에서
날아 와 앉은
눈동자

내 가장 안에서 가꿔 온 동경을
불붙이는
촛불이어.

잔잔한 바다가 일으키는
갈모의 물보래
번지면 타오를 사랑의 빛너울은

백골이 비록
먼 외따론 사막과
캄캄한 빙하에 외로이 굴지라도

영혼은 날아올라
너 황홀한 잎에 앉을
나비, 나비, 나비……

그 조용한
먼 어느 나라
꿈에서 내려앉은 아침 꽃이어.

(1962)

冬日 (동일)

바람이 가랑잎을 쓸고
하늘이 파아랗게
차고 높다.

두어 마디 새 소리
바람에 쓸려
어디론가 사라지고

귀 익은
우체부

뒷집 대문만 두들기고 가버린 뒤
옹기종기
고요가 뜰에 모여
노오란 햇살에 몸을 쬐는 아침

무심한 내 상념이

각 시집 연대
미수록 시

미지의 먼 나라
끝없는 눈벌로 눈벌로 달려
갑자기 하늘이 자욱하게
펑펑 쏟아져 올
함박눈의 설경을 생각한다.

(1962, 12, 《학원》)

해설 — 해와 삶의 원리

신동욱

박두진 시인의 첫 작품은 1939년 《文章(문장)》 6월호에 게재된 〈香峴(향현)〉과 〈墓地頌(묘지송)〉이다. 다음 작품은 같은 해 《문장》 9월호에 발표된 〈낙엽송〉이고, 다시 1940년 1월호에 〈蟻(의)〉와 〈들국화〉가 발표됨으로써 추천이 완료되었다. 당시의 選者(선자)는 「新(신)자연」을 시로 형상화하여 독자적인 세계를 지니고 있음을 높이 평가했다. 이 무렵 시인은 그의 시에 관한 견해를 보이고 있는데, 개성 있는 창조에 관심을 두고 기교에 관하여 언급하고 있다. 그에 의하면 시에서의 기교는 밖으로 드러나는 수사나 외형적인 것이기보다는 시인의 내면의식을 형상화하는 개성적이고 특수한 능력을 말하는 것이었다. 이러한 개성의 존중은 시 창조에서 가장 기본이 되는 문제로서 제기된다고 하겠다. 이러한 개성의 확인으로부터 시인의 출발과 그 방향이 모색되고 있음을 알 수 있다.

이러한 시인의 관심은 민족문학의 특수성에로 연결되어, 민족의 고유한 문학을 창조하는 것에 더 역점을 두는 대신 외래적 요소에 대한 비판을 제기하고 있다. 민족의 전통적인 풍토에 뿌리를 내리는 시세계를 구축한다는 것은 일제 치하의 정치적 상황 하에서 매우 바람직한 생각이라고 할 수 있다. 또 그의 이러한 견해는 단순히 시 창작에서 표면적인 기교의 문제가 아니라 민족의 현실을 객관적으로 이해하고 확고한 가치를 창조한다는 뜻과 연결된다.

1946년에 《청록집》이 간행되고, 이어 1949년에 《해》가 간행되었다. 그의 초기 시와 《해》의 심상은 일제의 억눌림으로부터 치솟아오르는 凜烈(늠열)한 아름다움을 가장 잘 나타내고 형상한 것으로 풀이된다. 이와 같은 억눌림으로부터 치솟음의 의미는 이 시기의 시인의식을 대표하는 한 특질임은 말할 것도 없으며, 이 시인이 살았던 일제 말기의 사회적 환경의 짜임과 깊은 상관관계에서 여러 형성 요인들을 이해할 수 있을 것이다.

그의 〈墓地頌(묘지송)〉에서도 죽음을 보여 주되, 그 세속적 인식과 달리 긍정적인 미래의 의식을 태양을 매개로 하여 제시하고 있는데, 죽음의 뒤에 숨은 보다 더 힘찬 삶의 의미를 풍기고 있다. 물론 여러 비평가들이 이미 지적했듯이 그의 기독교 사상에 근거한 삶의 인식이라는 뜻도 감안해야 하지만, 이 시에서는 일제 말기의 고압적이고 비인간적이고

잔혹한 억누름을 꿰뚫고 새로운 삶에 지향하려는 숨은 뜻이 담겨 있다고 할 것이다. 그러한 詩想(시상)은 〈훨훨훨 나래 떨며〉에서 더욱 세차고 더욱 밝게 제시되어 있다.

솟으렴! 태양. …… 또 하나 궁창에서, 훨훨훨 나래 떨며 솟아나는 것, 뭇 어둠 불사르며, 이글이글 타는 얼굴 솟아나는 것,

별들 다아 새로 씻겨 빛나고, 온 누리, 눈물 어린 누리 위에, 금빛 쏴아아 내려 쬐는 빛의 줄기 …… 유량한 울림 속에 청산은 모두 귀를 열어, 소리 높여, 일제히 노래 부를 푸른 나무들!

꽃도 새도 짐승도 새로 태어나, 밤이란 다시는 오지 않는 아침에, 하늘대는 바람 맞아 핏줄들 새로 맑고, 우르러 호흡 같아 쉬면, 너도 나도 다 한가지, 허파며 심장이며 새로 붉어 뛰놀고, 우리 모두 번쩍! 눈 새로 밝아지는, 눈 새로 밝아지는, 아아, 진정 솟으렴! 태양. ……

이러한 외침은 억누름에 대한 버팀과 맞섬의 의지로 충만된 바 이 시의 화자만이 말할 수 있는 내용이며 태도이기도 하다. 위 인용된 시에 나타난 바와 같이 화자와 한국의 국토인 자연과 태양이 일체화되어 「어둠」을 불사르는 세찬 기운이 「이글이글 타는 얼굴」에 명징하게 제시되어 있다.

그러나 이러한 의기와 정열은 화자 개인의 상상적인 언어의 짜임으로써 추상적이거나 관념적으로 제시되는 것이 아니라, 구체적인 겨룸과 맞섬으로 확인되고 있다.

일히들이 으르댄다. 양 떼가 무찔린다. 일히들이 으르대며, 일히가 일히로 더불어 싸운다. 살점들을 물어 뗀다. 피가 흘른다. 서로 죽이며 작고 죽는다.

위에 보이는 싸움의 의미는 이리와 양으로 각각 대립되는 현장을 통하여 선량한 존재들이 침략자들에게 희생되는 극적 양상으로 확대되고 있다. 이러한 삶의식에서 필연적으로 의기와 정열이 요구됨은 당연한 귀결이라 하겠다.

다음 시집인 《午禱(오도)》가 1953년에 영웅출판사에서, 그리고 《박두진 시선》이 1956년에 聖文館(성문관)에서 각각 발간되었다. 《오도》에 수록된 작품들은 대체로 기다림의 뜻을 중심으로 영원과 무한에의 지향을 보이며 다시 기다림의 서정이 보인다. 이러한 이면에는 일제를 견디고 이겨낸 다음에 얻은 조국의 광복이 진정한 민족적 대주체의

해설

온전한 회복이 못 되고, 6·25에서 극단적인 분열과 相殘(상잔)이 야기되고 계속됨으로써 시인은 그 온전함의 회복과 그 참된 到來(도래)를 기다리는 자세를 이룩하게 된 것이라고 생각된다.

민족적인 大(대) 주체의 온전한 확립을 성취하려는 끈질긴 노력과 그 실패의 아픈 역사 발전의 문맥 자체를 이룩하는 이중적 의미가 된다. 시인의 사명은 엄정한 눈으로 세계를 이해하고, 이러한 역사 발전의 흐름을 증언적으로 또는 예언적으로 말하는 것이라고 할 때, 시집 《오도》 전체에 번져 있는 기다림의 의식은 민족 전체의 소망을 대변한다고 생각된다. 그런데 그에게 기다림의 자세가 흩어지거나 변질됨 없이 일관되고 있는 것은 그의 기독교적인 종교의식에 뒷받침된 일면과 민족의 미래에 거는 확신이 있기 때문이라고 생각된다. 정서 표출이 대개 긍지심이 깃들어 있거나 당당하고 의젓하거나 또는 분노의 가락이 격렬한데, 그럴 만한 믿음의 근거가 확립되어 있기 때문이라고 생각된다. 이 작품집에 자주 보이는 바다의 의미도 풍요하고 부드러운 감각을 통하여 와야 할 주체자를 기대하는 자세와 결합되어 있다. 〈섬에서〉와 같은 작품에 보이는 자연의 거센 광경과 화자와의 융합에서도 억센 의기를 실감케 하고 있다. 서정시의 일반적인 특성이 영탄과 호소에 있다면 이 시인의 작품세계는 확신에 찬 의기로 앞서가는 기세가 우세한 특질로 나타나 있다. 이와 같은 기세와 의기의 시학은 한용운이나 李陸史(이육사)에 있어서조차도 이만큼

凜烈(늠열)함을 보이지는 못하였다. 이 시인의 시의 율조가 자유분방하고 거침이 없는 호쾌감을 주는 이유도 민족의 미래에 대한 그의 확신과 신앙의 굳음에 연유한다고 볼 때, 그의 詩形(시형)과 사상의 조화임을 이해하게 된다.

1956년에 간행된 《박두진 시선》은 앞에 출간된 시집에서 가려 뽑은 것이고, 1962년에 대한기독교서회에서 간행된 《거미와 성좌》 및 1963년에 一潮閣(일조각)에서 펴낸 《인간밀림》의 두 작품집은 대체로 6·25와 4·19와 그 이후의 현실에 밀착된 시인의식이 집중적으로 표현되고 있다. 이 시인이 즐겨 그의 詩想(시상)의 매개를 높은 것과 밝은 것과 깨끗한 생명력을 상징하는 사물들에 의존했었는데, 이 두 詞華集(사화집)에 이르러 견고한 것과 날아오르는 것에 빙의하여 차츰 그의 항거와 겨룸의 시상을 집중화해 가고 있음을 보게 되며, 격렬한 대결의 의지가 저력 있게 지속되어 가기도 한다. 그 대표적인 한 예를 〈꽃과 항구〉에서 찾아볼 수 있다.

그 소녀와 소년들과 젊은 속에 맥 뛰는

해설

불의의 강압과 총칼 앞에 맞서는
살아서 누리려는 자유에의 비원이
죽음 — 생명을 짓누르는 공포보다 강하고나.
자유에의 불꽃은 죽음보다 강하고나.
피는 꽃보다 값지고,

사람답게 살아가려는 젊은 의지와 정정당당하게 불의에 맞서는 의기를 이 시인은 증언하고 高揚化(고양화) 하고 있다. 이러한 시인의식에서, 역사의 발전적 흐름에서 가치의 가장 중심이 되는 힘을 늘 주시하고 동참하는 고매한 자세를 볼 수 있다. 〈봄의 檄(격)〉과 같은 작품에서 가장 근원적인 삶의 힘이 삶의 전체상을 포괄적으로 집약하여 제시하고 있는데, 그 스스로의 일어나는 기세를 장쾌하게 제시하고 있다. 그의 문장은 명령형을 중심으로 하여 자유로운 뭇 삶의 신장과 그 억센 기백을 송두리째 보여 준다. 연작시 〈갈보리의 노래〉에서도 죽음과 삶의 뜻이 하나로 융합되면서 치열한 신앙적 시상으로 표현되고 있다.

시집 《인간밀림》에서는 응답 없는 「당신」의 침묵에 대한 기구와 삶의 원초적 힘에 의한 격렬함이 특색으로 나타나 있다. 〈갈대와 학〉에서 화평이 깨어지고 가치의 갈등이 빚어짐을 증언했고, 전체적으로 이 시집은 자유의 성취에 지향된 민족의 의지를 시인의 목소리로 집약하고 외치고 일깨워 준 치열한 뜻으로 충만되어 있다. 이 시집에는 8·

8·15광복과 3·1운동과 4·19의 뜻을 되새기는 작품들도 있다. 〈잊어서는 안 될 날이〉와 〈3월 —일의 하늘〉 및 〈분노가 잠간 침묵하는〉 등에 잘 나타나 있다.

이 시인의 작품세계는 늘 현실과 밀착되어 있으며, 조국의 앞날을 전망하면서 현실을 匡正(광정)하는 사명감이 우세하게 나타나 있다.

해설

박두진 연보

경기도 안성 출생.

〈향현〉〈묘지송〉〈낙엽송〉〈의〉〈들국화〉 등의 작품으로 《문장》에 정지용 시인의 추천을 받음.

조지훈, 박목월 시인과 3인 시집 《청록집》 출간.

시집 《해》 출간.

시집 《오도》 출간.

제4회 아세아자유문학상 수상.

수상집 《시인의 고향》 출간. 연세대 조교수 부임.

시론집 《시와 사랑》 출간.

《한국전래동요찬본》 출간. 시집 《거미와 성좌》 출간.

제12회 서울특별시문화상 수상. 시집 《인간밀림》 출간.

《청록집·기타》와 《청록집 이후》를 박목월, 조지훈과 함께 출간. 시집 《하얀 날개》 출간.

수상집 《생각하는 갈대》, 시론집 《한국현대시론》 출간. 이화여대 부교수 부임. 3·1문화상 예술상 수상.

연세대 교수 재부임.

수상집 《언덕에 이는 바람》, 시집 《고산식물》, 《사도행전》, 《수석열전》, 시론집 《현대시의 이해와 체험》 출간.

제21회 대한민국예술원상 수상. 시집 《속·수석열전》 출간.

시집 《야생대》 출간.

1916년 3월 10일
1939년
1946년
1949년
1953년
1956년
1959년
1960년
1962년
1963년
1967년
1970년
1972년
1973년
1976년
1977년

박두진
연보

시집《포옹무한》출간.

연세대에서 정년퇴직.〈박두진 전집〉시 부문 전10권 출간. 단국대 초빙교수 부임.

시집《별과 조개》,《하늘까지 닿는 소리》,《기(旗)의 윤리》출간.

시집《수석연가》출간

추계예술대 전임대우 교수 부임. 수상집《돌과의 사랑》출간. 수상집《그래도 해는 뜬다》, 시선집《일어서는 바다》출간.

시선집《불사조의 노래》출간.

제2회 인촌상 수상.

제1회 지용문학상 수상

수필집《햇살, 햇볕, 햇빛》출간.

제15회 외솔상 수상.

〈박두진 산문 전집〉출간.

〈박두진 문학정신〉전7권 출간.

제1회 동북아 기독문학상 수상.

신촌 세브란스병원에서 별세.

유고 시집《당신의 사랑 앞에》출간.

동시집《해야 솟아라》출간.

*박두진은 예술원 회원에 추대된 바 있으나 군부독재 정부의 혜택을 받을 수 없다 하여 문민정부가 들어선 후에야 수락했다.(편집자)

1980년
1981년
1982년
1984년
1986년
1987년
1988년
1989년
1991년
1993년
1995년
1996년
1997년
1998년 9월 16일
1999년
2014년

박두진
연보

박두진
시 전집 2

The Complete Poems of
Park Doojin 2

2018. 2. 20. 초판 1쇄 인쇄
2018. 3. 5. 초판 1쇄 발행

지은이 박두진
펴낸이 정애주
펴낸곳 주식회사 홍성사
등록번호 제1-499호 1977. 8. 1.
주소 (04084) 서울시 마포구 양화진4길 3
전화 02) 333-5161
팩스 02) 333-5165

홈페이지 www.hsbooks.com
이메일 hsbooks@hsbooks.com
페이스북 facebook.com/hongsungsa
양화진책방 02) 333-5163

ⓒ 이희성, 2018

- 잘못된 책은 바꿔 드립니다.
- 책값은 뒤표지에 있습니다.
- 이 도서의 국립중앙도서관 출판예정도서목록(CIP)은 서지정보유통지원시스템 홈페이지(http://seoji.nl.go.kr)와 국가자료공동목록시스템(http://www.nl.go.kr/kolisnet)에서 이용하실 수 있습니다.(CIP제어번호: CIP2018005004)

ISBN 978-89-365-1278-1 (04230)
ISBN 978-89-365-0548-6 (세트)